JN090556

本気で女性を応援する
女子大学の探求

甲南女子大学の女性教育

野崎志帆, ウォント盛香織, 米田明美 [編著]

明石書店

刊行に寄せて

女子大学と女性教育の未来

森田 勝昭

20世紀を通じてさまざまな女性教育への挑戦がありました。例えば、1900年には、医学や英学の専門知を教える女性のための教育機関（女子大学の前身）が登場しています。また、時代の自由主義思想の中で、リベラルアーツを学び人間教育を目指す女性のための教育機関も設立されます。

いわゆる高等女学校も急激に増え、1925年には600校を超えるまでになりました。甲南女子学園は1920年にこの環境の中で設立されています。そして、1964年、戦前のエリート女子教育を脱却して甲南女子大学を設立し、リベラルアーツを学ぶ人間教育に乗り出しました。以来、「まことの人間をつくる」が建学の精神となっています。

女子大学あるいは女子学園は、二つの領域で格闘してきました。ひとつは時代の中で多様な形態をとるジェンダーギャップ克服という課題であり、もうひとつは、性別を超えた高い教養、専門知、専門技術を育てるという領域です。女子大学は絶えずこの複数領域を往復しながら教育実践に邁進してきました。女子大学は未解決の課題の基礎の上に造られた教育機関なのです。そして何より、共学が圧倒的多数という環境の中で、自らの存在意義を問い続けることが求められました。女子大学は極めて自意識的な存在という運命を担っているのです。

さて、2020年1月のWHO（世界保健機関）による緊急事態宣言から1年が経ちました。私たちは世界中で恐怖と向き合い、ウイルスがもたらした課題に取り組んできました。今回の新型コロナウイルスは、社会を揺るがし、社会のあたりまえを問い、従来のシステムを疑問に付しました。新型コロナウイルスは多くの犠牲を伴いながら社会の矛盾や欠陥を暴き、逆説的ですが、未来を映し出しました。今は新型コロナウイルスが明らかにした課題を考え抜き、未来へ向かうことが求められています。

新型コロナウイルスは教育にも大きなインパクトを与え、教育のあたりま

えが根底から揺さぶられました。学びの空間は閉鎖され、身体を持つ人間の対話教育が消え、大学の価値や存在意義が問われました。中でもインパクトが大きかったのは女子大学、女性教育です。女子大学の存在意義そのものが問われました。私たちは今まで以上に自らを問うことを迫られました。

コロナ禍では、被害が女性に集中しました。2020年12月統計では日本の就労者6666万、うち女性が44％の2973万、そして女性の半数以上がいわゆる非正規です。失職、離職、解雇が集中したのは、女性の多い職種や非正規のセクターでした。コロナ禍は非正規という「働かせ方」の矛盾を暴露しました。多くの女性が労働市場の外に押し出され、その先の女性の貧困という闇に流れこむという構造も明らかになりました。

こうした流れの中で、ジェンダー平等があらためて社会の課題として浮上してきました。性差とは何かという議論から始まり、ジェンダーの構造、イデオロギー、経済や社会の構造、教育などが問われることになりました。ことは経済システムや労働市場の問題にとどまりません。これらすべてが女性の、そして人間の根源的な問題です。

女子大学には根源的かつ先鋭的な問いが突きつけられています。社会変動の波が押し寄せる困難な時代に、甲南女子大学では、教職員がともに女性の課題を考え、女子大学の存在意義を問い、女性教育の未来を創り出していく努力を続けています。

繰り返しますが、女性教育は人間の根源的な問題です。女性教育は新たな人間教育を見出すはずです。この論集はその取り組みの一環であり、女性教育、そして人間教育という課題に対する現場からの挑戦でもあります。

（甲南女子大学学長）

本気で女性を応援する女子大学の探求

甲南女子大学の女性教育

目　次

シンポジウム報告　甲南女子大学のこれから

本気で女性を応援する女子大学に向けて

序論 ── 本気で女性を応援する女子大学の探求

野崎 志帆

1.「女子大学」誕生の歴史

　学生から、時々このような疑問を投げかけられることがあります。「どうして女子大学はあるのに、男子大学はないのですか？」。この問いに答えるためには、女子大学の歴史を少し振り返る必要があるでしょう。

　教育社会学という領域では、日本における女性の教育の歴史を「排除」「分離」「差異化」のキーワードで説明することがあります。これを、女子大学が経てきた経緯に当てはめて考えてみることにしましょう。女性は事実上、戦後になるまで大学から「排除」されてきました。明治後半頃から現れた「良妻賢母」論や、「男性は仕事、女性は家事・育児」という性別役割分業意識によって、当時の社会では「女性には学問は必要がない」とみなされていたためです。女性が大学で学ぶことが制度的に認められたのは、戦後の新教育制度においてです。男性のみであった旧制大学が共学化されると同時に、女性を「分離」した女子大学が誕生しました。それまで男性のみを受け入れてきた大学に女性が入り、男性とともに学ぶことに対しては、社会的、心理的な抵抗がありました。女子大学は、女性が大学で学ぶ機会をつくるための対策だったとも言えるでしょう。「女性のためにだけ女子大学があるのは、不公平なのでは？」という人が稀にいますが、それまでの大学は「男性のための大学」であることが当たり前で、わざわざ「男子大学」と言う必要がなかったこと、女子大学は、大学教育からの女性の「排除」を是正するための措置だったことがわかります。

　女子大学の「分離」の背景には、新設された女子大学が戦前からの私立の女子専門学校だったこともあります。戦前の中等・高等教育機関のほとんどは男女別学で、これら女子専門学校でも、教育方針や内容に当時の性別役割分業意識が反映し、ある特定の型にはまった「女性らしさ」を前提とした「女性向け高等教育」が取り入れられる傾向もありました。この時代におい

ては「女性向け」を謳うことが、女性が高等教育を受けることへの葛藤や不安を減らし、社会的に受け入れられる素地となったのです。戦後に誕生した女子大学にも、その考え方は少なからず引き継がれました。これが女子大学における「差異化」です。

いずれにしても、当初の女子大学は、こうして男女の高等教育の機会均等への道を切り拓く一定の役割を果たしてきたと言えるでしょう。

2. 女子大学を取り巻く「変わったもの」と「変わらないもの」

それから時は流れ、日本の社会も世界も大きく変わりました。女性に対する社会の期待・役割も変わり、女性の人生設計も変化しています。日本は1985年に国連の女性差別撤廃条約に批准し、同年に男女雇用機会均等法が成立したことを皮切りに、男女平等を進める国内法やその他の制度が整備されていきました。女性の社会進出の機運も高まり、女性の大学進学率は上昇しています。

かつては多くの女性が女子大学を志望しましたが、現在は共学大学志望者が大幅に増え、女子大学志望者は減少傾向にあります。共学大学も18歳人口の減少を見据え、女性のニーズに応じて改革を行い、女性を呼び込む広報戦略で女子学生の比率を増加させています。女子大学も、以前のような（少なくとも明示的には）固定的な「女性らしさ」の教育を標榜する大学は見られなくなりました。「女性向け高等教育機関としての差異化」の名残りとして、女子大学の学部構成には今も特定分野への偏りがあります。しかしそれを除けば、女子大学はほぼ共学と変わらない高等教育機関になりつつあると言えるでしょう。言うまでもないことですが、大学は男女関係なく、また共学であるか女子大学であるかにかかわらず、質の高い専門的な学問が提供されるべきなのですから、当然の結果とも言えます。

それでは、今の時代の女子大学の存在意義、使命とは何なのでしょうか。女性も堂々と大学に行けるようになった現代において、女子大学が果たすべき役割、存在意義はもはやないのでしょうか？

3. 女性を取り巻く「変わったもの」と「変わらないもの」

　確かに、女性の社会進出は以前よりも進んでいます。女性の労働力率は上がり、さまざまなシーンで女性の活躍を目にすることも多くなりました。しかし、課題は今も山積しています。

　世界経済フォーラムが2021年に発表した世界の男女格差を表すジェンダー・ギャップ指数では、日本は156カ国中総合で120位（前回は過去最低の121位）、G7では最下位、韓国、中国などアジア隣国と比べても劣位という惨憺たる状況にあります。分野別でみると、日本のランクは「政治」147位、「経済」117位、「教育」92位、「健康」65位となり、全ての分野で順位が下がりました。「経済」のランクが低いのは、女性雇用者の6割が非正規労働者であること、女性の管理職登用が少ないことを背景に、女性の賃金は男性の7割と賃金ギャップがあることが原因です。

　日本はなぜこんなにも世界から遅れをとってしまったのでしょうか。世界中がジェンダー平等に動き始めた1970年代、日本では団塊の世代が社会に出る時期であり男性だけで労働力を充足できたことで、「長時間労働する男性と家庭を守り非正規で働く女性」という組み合わせが確立しました。さまざまな社会制度や労働環境もこれを前提に整えられ、これがさらに性別役割分業を進めました。こうして高度経済成長を果たしてきた日本は、この「成功体験」をなかなか忘れることができなかったのです。

　2019年の内閣府の調査によれば、「夫は外で働き、妻は家庭を守るべきである」という固定的な性別役割分業意識に対し、「賛成」の割合は35.0％と過去最低に、「反対」の割合は59.8％と過去最高になるなど、社会の意識には大きな変化が見られます。しかし実際の労働の場では、「長時間労働する男性」を前提とした労働慣行が簡単に変化せず、女性が正規で働き続けることを諦め、非正規で働きながら家庭の家事・育児を一身に担う傾向が継続したのです。こうしてジェンダー平等に向けて変わるタイミングを逸してしまった日本社会は、1990年代以降の雇用構造と家族構造の大きな変化を受けて、ほんの一握りの限られた富裕層の女性を除けば、女性が結婚し、子どもを産み、仕事をやめ、離婚すれば、いとも簡単に貧困に陥ってしまう社会

になってしまいました。2020 年春頃から始まったコロナ禍によって、以前からあったこれらの問題は一層顕在化しました。非正規労働者の大半を占める多くの女性が仕事を失い、当初は保育所や学校も一時閉鎖され、働くために子どもを預ける場所を失った母親は収入を断たれました。DV 被害など家庭内の問題は深刻化し、女性の自殺者はかつてないほど急増しました。

　以前に比べれば進学率も上がり、多様な生き方を認める意識も浸透し、徐々に女性の選択肢は広がっています。しかし、女性が脆弱な立場に置かれる環境が今なお続いています。

4.「女性という記号」をもつ学生たち

　一方で近年では、「女性」とは一体誰を指すのか？　ということも問われるようになりました。ジェンダーの多様性の観点から、性差を「女性／男性」の二元論で語ることの限界が指摘されるようになったからです。現在本学に入学してくる学生は戸籍上の「女性」ですが、その中には多様な性自認、性的指向、性表現の学生がいることは忘れるべきではないでしょう。出生時の身体的特徴によって医師が決定する性別でさえ、実際には「女性／男性」の 2 種類に簡単には分けられない多様性があると言われています。

　また、個人のアイデンティティは、実際には多重性や複数性をもっており、ジェンダーはその一部にすぎません。ジェンダーとの距離感やその重要度も人によって異なります。個人のアイデンティティをジェンダーという単一のアインデンティティのみで扱うことは、現実的ではないばかりか望ましくもありません。それでもなお、ジェンダーは誰にとっても、無視しがたいアイデンティティの構成要素の一つです。

　「今は、女性とか男性とか区別するような時代じゃないよ」と言う人がいます。私も早くそんな時代が来ることを願って止みません。同時に、「他者との違い」を決してニュートラルに評価してこなかった人間の歴史を思うと、私自身はそれほど楽観的ではいられません。1990 年代以降、「ジェンダー主流化（Gender Mainstreaming）」（ジェンダー平等達成の手段として、法律、政策、事業など、あらゆる分野の全てのレベルの取り組みにおいて、女性と男性に及ぼす異なる影響を精査するプロセス）が、国連を中心に広がり世界的な潮流となり

ました。それは、一見中立的に見える「男女を区別しない」ジェンダーブラインドな政策が、意図せずして、すでにあるジェンダー不平等を固定化し、再生産する可能性が指摘されるようになったからです。

　少なくとも、前述のジェンダー・ギャップ指数が表す今の社会を眺めるとき、果たして「女性とか男性とか区別するような時代じゃないよ」と言えるでしょうか。実際の社会では、やはり「女性／男性」という記号が機能しており、「女性であること」は、日本の女性の人生に大きな影響を与えていることは明らかです。その意味では、本学に入学してくる学生もまた、それを望むか望まないかにかかわらず、何らかの形で「女性という記号」をもつ存在だと言えるでしょう。

　一方で、実際にこのようなジェンダー不平等の問題を自分ごととして実感する学生は少ないのが現実です。それは、日本の女性が直面する困難の多くが、仕事、結婚、出産、子育て、介護など、学生が卒業し社会に出た後に待ち受けているからです。それは、前述のジェンダー・ギャップ指数の結果にも表れています。多くの学生が大学卒業後に「経済」活動に参加し、市民として「政治」の影響を受けます。結婚、出産、子育て、介護などのライフイベントにおける性別役割分業（そのほとんどが女性に過重に期待されます）に直面するのも、多くの場合「卒業後」なのです。

5. 現代における女子大学の存在意義とは？

　そうであるならば、女性という記号をもつ学生が社会に出る前の教育機関である大学、特に女子大学が果たすべき役割と責任は、むしろ、とてつもなく大きいと言えないでしょうか。女子大学は「女性のみを対象とする」という特徴を最大限に生かし、女性のエンパワメントに向けて、一貫したビジョンの下で徹底的に教育を展開することが可能なポジションにいるからです。

　女子大学には、次のような強みがあると言われます。異性のまなざしから自由でいられ、学生同士の親密性と連帯性が生まれやすいこと、女性の多様性が見えやすく自分らしくいられること、女性の多様なロールモデルに出会うことができ、リーダーシップを発揮するチャンスが豊富で、女性にとって重要な問題に関心を払う教職員が多く、女性に必要な学びが得やすい点な

どです。しかし残念なことに、入学前は女子大学に対して不安やマイナスイメージをもっていたと言う学生は少なくありません（例えば「人間関係がドロドロしてそう」など）。女子大学は、その強みと存在意義を十分に示すことができていないのではないでしょうか。

　女子大学の使命、存在意義とは、端的に言えば「女性のための女子大学」であること、「本気で女性を応援する女子大学」であることです。今必要な女性教育とは、学生が自身の女性という記号を肯定し、安心して、自信をもって、自由に生きていくための知識とスキルを提供し、自分はどのように生きていきたいのかを考え、自分の人生を主体的に選びとっていけるようにすることです。また「女性を本気で応援すること」とは、言うまでもなく「女性を男性よりも優位に立たせること」「女性と男性を分断すること」をめざすことではありません。男性もまた、固定的な「男らしさ」のプレッシャーから、家族とともに過ごす時間を犠牲に長時間労働を強いられていたり、多様な生き方が許容されず生きづらさを抱えていたりします。「女性を本気で応援すること」とは、女性のエンパワメントを通じ、その先にジェンダーにかかわらず誰もが自分らしく生きられる社会をめざすものなのです。

6. そして甲南女子大学は？──はじまった教職員のチャレンジ

　さて、私たち甲南女子大学を運営する甲南女子学園は、2020 年に 100 周年を迎えました。本学もまた、これまでの伝統を踏まえつつ、女性が長い人生をどのように生きていくのかを想像し、今の時代に合った女子大学のあり方、女性教育のあり方を改めて検討する必要があります。女性教育とは、単に教育の対象が「女性だけ」であることを意味しているのでしょうか。なぜ、甲南女子大学はわざわざ「女性だけを集めて教育する」のでしょうか。「なぜか女性しかいない大学」になるのか、「本気で女性を応援する"女性のための女子大学"」になるのか。100 周年を経た今、私たちはその分岐点にいます。

　本学がこの命題にどのように応答するのか、今なお探求のただ中にあります。そこで本書は、女子大学としてのアイデンティティを明確にし、生き残る価値のある女子大学となるべく、本学の教職員有志が女性という記号をも

つ学生と改めて向き合い、それぞれの持ち場で女子大学の存在意義、女性教育の取り組み、自身の専門領域と女性や女性教育との関わりについて探求し、「本気で女性を応援する女子大学」に向けて格闘する一端を示すものです。

　本書は三つのパートで構成されています。第Ⅰ部では、「甲南女子大学の女性教育のこれまでと今」を、歴史、カリキュラム、図書館、学生生活支援、リーダーシップ教育、キャリア支援、教職員有志のプロジェクトといった全学的な取り組みから捉えます。第Ⅱ部では「各学問領域における女性教育」として、人文科学、社会科学、保健医療科学分野における多彩な専門性をもつ本学の教員による、女性および女性教育についての論考を紹介します。そして最後にシンポジウム報告「甲南女子大学のこれから」では、2021年2月に開催したシンポジウムでのトークセッション「本気で女性を応援する女子大学に向けて」の記録を掲載しています。

　本書は、本学に関係する方々はもちろんのこと、教育に携わる全ての人と女性教育について語り、「本気で女性を応援する女子大学」に向けたダイアローグを続けるための試みの一つです。そして、私たちの格闘と情熱が、これを読む「女性という記号」をもつ高校生や学生の皆さんにとって、自分らしく豊かな人生を生きるための、小さな後押しになればと心から願っています。

【参考文献】

伊藤公雄（2019）「日本におけるジェンダー平等を阻むもの」『学術の動向』編集委員会『学術の動向　12月号』日本学術協力財団：49-53

木村涼子（2009）「教育とジェンダー──歴史と今を見つめる」牟田和恵編『改訂版　ジェンダー・スタディーズ──女性学・男性学を学ぶ』大阪大学出版会

黒岡千佳子（1981）「わが国における女性高等教育の発展と女性エリート形成」日本教育学会『教育学研究』(48)：43-53

I

甲南女子大学の女性教育の
これまでと今

中庭の池から撮影したキャンパスの展望。正面は学生会館

1 甲南女子大学の歩み

米田 明美

1. 甲南女子学園の創立

　甲南女子大学の歴史は、1920年に設立された旧制甲南高等女学校から始まります。まず女学校設立の経緯ですが、1911（明治44）年に開学した甲南幼稚園・小学校に遡ります。甲南幼稚園・小学校は、教育者であり実業家政治家であった平生釟三郎氏によって、「少数児童に教育を徹底し、官立に望めない特色ある小学校」を目指し、住吉村反高林に創立されました。当時住吉村やその付近には関西財界人が多く居住しており、自分たちの子どもを通わせるための学校を作ることがその出発点でした。その後児童の学年が上がるにつれ、その進路として旧制甲南中学校創設が提唱されました。当時旧制中学校は男子のみでしたので、女子のための甲南高等女学校設立が甲南中学校設立準備委員会の中で、実業家安宅彌吉の提唱によって進められました。その結果旧制甲南中学校より開学は1年遅れることとなりました。

　掲げられた理想は、官立にはない自由な校風の私立の女学校でした。明治時代に制定された官立校は、小学校より大学に至るまでドイツに範を求めて設立されていました。ドイツは私立学校がなくすべて官立でしたので、教育方針が画一的であり、多くの定員が求められました。それに対し英米は、私立学校が盛んで、富裕層が積極的に私立学校に寄付し設備も充実し、自由な特色を掲げることができました。豊かな知性と教養を持ち、品格を備えた女性を育てるには、教員と生徒が相互に交流できる少人数でないと、個性を尊重し、自ら創造して学ぶ教育は行えないという考え方でありましたので、私立の女学校の設立が叫ばれたのです。

　当時、阪神間はいち早く港を開き外国の新しい思想に触れ得る地であり、日本で二番目に鉄道が敷かれ、特に御影から住吉にかけては、大阪の富裕層が多く邸宅を構えた地でした。住吉村は、明治から昭和初期まで「日本一の富豪村」とさえ称されていたのです。さらに灘五郷と称される江戸時代から

続く由緒ある造り酒屋が多く、文化的意識の高い地でもありました。それ故多数の人々が新しい女学校の設立に期待協力し、子弟を通わせたのです。本学園が「お嬢様が通う学校」と長く世間で評されていた由縁は、以上のような設立経緯によるものと思われます。

　その後1947（昭和22）年4月、教育制度改革により新制の中学校を併設し、高等女学校の1・2・3学年は、中学に切り替えられました。翌年には女子高等学校設立の認可がおり、財団法人の名称を「財団法人甲南女子学園」（後、制度改正により財団法人は学校法人となる）とします。1955年には短期大学が開学（1974年短期大学部となり、2002年廃止）、1964年に大学が開学し甲南女子学園として一つの学校法人を成しています。

2. 甲南学園（甲南高等学校・中学校・甲南大学）との関係

　甲南大学と甲南女子大学は、どのような関係なのか——という質問をよく受けます。甲南大学の前身である旧制甲南中学校は、1923年に7年制甲南高等学校を開設し、現在は学校法人甲南学園（甲南高等学校・中学校・甲南大学）です。この「学校法人甲南学園」と「学校法人甲南学園　甲南小学校」と「学校法人甲南女子学園（甲南女子高等学校・中学校・甲南女子大学）」は、現在は別々の法人ですが、創設期は住吉村在住の財界人が理事として相互に就任し、新しい教育の理念を共有していました。現在、甲南小学校の児童の中で希望する男子は甲南中学校へ、女子は甲南女子中学校へ進学します。以上からも、甲南学園と甲南女子学園は、別々の法人ですが親戚のような関係を保っていると言えるでしょう。

3. 苦難の門出——甲南高等女学校開学

　1917（大正6）年は、第一次世界大戦の休戦条約が成立し、世界が平和を取り戻した年でした。加えて明治時代とは異なるいわゆる大正デモクラシーという、政治や文化・社会の各方面に自由主義・民主主義運動が起こりはじめました。当時日本ではまだ女性には参政権は認められてはいませんでしたが、徐々に女性の意識改革の高まりが誕生しつつありました。そのような風

潮の中1920（大正9）年1月に甲南高等女学校設立の認可が下りました。同年9月に「財団法人甲南学園甲南高等女学校」の設立出願書が提出されましたが、男子高とは違い基金20万円は思うようには集まりませんでした。当時の財界人たちですら、実は女子教育に対する意識はそれほど高くなかったのです。

写真1　戦前の高等女学校校舎全景

高等女学校設立はしたものの、基金不足から当初考えていたような十分な広さの土地の確保が難しく、校舎はなく甲南幼稚園の2教室を借りて授業が始まりました。最初は住吉村内（住吉神社の西側）に内定していましたが、村会議員の反対などから

写真2　戦前の高等女学校校舎の正面玄関

解約せざるを得ず、結局本山村田中（現在の本山南中学校）の地に落ち着きました。ここが甲南女子学園の出発の地です。当初はこの土地の購入に際し地主と折り合いがつかず、30年の期限付きで坪3銭という借地契約でありました。

　住吉村の山手の方面は、関西の名だたる実業家たちの邸宅が軒を連ねていて、まとまった空き地も多かったのですが、学園の財政上の問題から手が出せず、当分借地で校舎を建てこの場を凌ごうという考えだったようです。女学校設立に賛同したのが関西の政財界を牽引する実業家ばかりであり、授業料も他の私立学校に比べてかなり高かったので、甲南は男子も女子も金に不自由のない学校という世間の評価ではありましたが、実は女学校の方は校地の借地料の負担にさえ苦しんでいたのです。

4. 建学の理念──全人教育・個性尊重・自学創造

　甲南高等女学校設立の中心を担った安宅彌吉は、一代で安宅商会を創立し南満州鉄道監事、大阪商工会議所会頭、貴族院議員を務めた財界人でしたが、学校経営など教育の経験はありませんでした。それ故教育方針などに関して、自ら積極的に前に出て指導的な役割を果たすことはせず、教育者（高等学校校長経験者）を選び任せる方向で行いました。財政面でのバックアップに終始しています。

　教育方針を独自の校風としてまとめあげ、「自学創造教育」という新しい教育を実現していったのは、初代専任校長表甚六（以下表校長）です。同じころ次々と誕生した沢柳政太郎の成城小学校、羽仁もと子の自由学園、西村伊作の文化学院などと理論的に通じるものでありました。加えて表校長は、特に「精神教育」にも力を注ぎました。表校長の述べる「精神教育」は、宗教や思想という概念ではなく、自身の言葉を借りれば、「本校へは家庭の環境に恵まれている生徒が多く入学するであろうが、そうとすれば一層根気力を養成する必要があろう。又家庭で恵まれた生活をするものは、困苦欠乏ということを知らない。順境に在る間は得意になって道を失い易いものであり、逆境に立てば悲観して自棄するものは頗（すこぶ）る多い。畢竟（ひっきょう）精神鍛錬が足りないからである」として「困苦欠乏に耐える精神教育を施すことは之亦（これまた）本校設立の趣旨である」（ルビは筆者による）と述べています。

　生徒たちは、常に「甲南の生徒たり卒業生たるものは甲南高女に矜持（きょうじ）を持て」（ルビは筆者による）と諭されていました。この言葉については、高女11回生である作家佐藤愛子氏も自伝である『淑女失格　私の履歴書』で「私の母校である甲南高等女学校は『淑徳を涵養』するのが目的の学校だった。どちらかといえば学問よりも礼儀作法や質実であることに重点がおかれていた。『甲南の生徒であることに誇りを持て』といわれ」と記しています。また同書で「友達が怖がることでも私は怖くなく、以前は人前でしゃべることも出来なかった恥かしがりやが、何かというとしゃしゃり出て演説をぶつ女学生になっていた。甲南という品位を重んじる学校の、自由な校風のおかげである」とも記されています。

　当時の高等女学校の卒業生の方々に女学校時代の思い出を伺うと、先生との距離が近いことを挙げられ、先生にあだ名を付けたり、ちょっと悪戯をしたりと、自由闊達な学生生活を送ったと話されています。また多数の人が、通信簿（成績表・順位付け）がなかったことを挙げていました。表校長は、人に順位をつけることを嫌っておられたとのことでした。さらに特筆すべき授業方法としては、授業中先生の質問に生徒が答えると、まずその答えを「いかがですか」とクラスメートに尋ねさせたそうです。教員はすぐに解答を示さず生徒たちに考えさせたとのことです。その答えが正解だと、皆が「よろしゅうございます」と一斉に唱えたそうです。そのやり方はどの授業でも行われたそうで、何より生徒自身に考えさせることを重んじていたとのことでした。

5. 阪神大水害

　1938（昭和13）年7月3日から降り続いていた雨は5日未明よりさらに激しくなり、六甲山麓を流れる芦屋川・石屋川などが次々に氾濫、遂に午前10時ごろ女学校の近くを流れる住吉川の堤防が決壊しました。当時は天気予報が未発達の時代で、ほとんどの生徒が登校していました。土石流が樹木をなぎ倒しながら校舎になだれ込み、教職員は生徒たちを校舎の二階に避難させました。教職員は、生徒を帰宅させるよりも学校に残留させた方が安全と判断し、保護者からの迎えを待つことにしました。谷崎潤一郎の小説『細雪』にも記載される大水害でしたが、生徒教職員に一人の負傷者も出ませんでした。

　校舎の被害は甚大で、学校敷地の北側に位置していた家事教室は屋根のみを残して全て土石に埋まり、他の校舎も窓ガラスは割れ、流木や泥流に深く埋もれてしまいました。神戸市の全家屋の70％以上が被害を受けた大災害だったのです。

写真3　水害——濁流が校内に

18日から生徒教職員
力を合わせ、スコップで
土砂の取り除き作業を行
いました。ですが8月1
日、朝からの豪雨は夜に
なっても止まず、再び泥
流は住吉川岸に積まれた
土嚢を越え、校庭に新築
したばかりのバラックを
押し流しました。こうし

写真4　水害——生徒による泥出し作業

た度重なる災害の中、生徒たちは夏休みを返上し毎日毎日泥を掘り出し運び、
水を掻き出す作業を繰り返しました。

　生徒たちの懸命な努力の結果校舎内の泥を掻き出し、8月下旬から清掃作
業に入ることができ、9月6日には生徒全員が登校して始業式、7日から2
学期の授業が再開されることになりました。それまで女学校の土地は借地で、
地主の毎年のような値上げ要求に苦慮していましたが、水害で荒れ果て土地
の所有者も困り果て、周囲の土地も含め購入の運びとなりました。

6. 神戸大空襲・阪神大空襲——焼夷弾による校舎焼失

　その後女学校は、戦争に翻弄されていきます。特に第二次世界大戦中は、
苦難の時代でした。若い男性教員は次々と兵士としてかり出され、生徒たち
は出征兵士のために千人針を縫い、何人かの先生をバンザイの声とともに戦
場に送り出しました。出征兵士を乗せた省線電車（今のJR）が女学校の北側
を次々と通過、生徒たちは何度も何度も手を振ったそうです。女学生の服装
もモンペ姿になり、学科に「修練」が加えられます。1944年戦時教育令に
より授業は全廃、上級生は深江にあった川西航空甲南工場へ、二年生以下は
女学校の校内（学校工場）で海軍水兵の制服製作に従事することになります。
文部省はこの方針を「勤労即教育」と称したのです。

　女学校は、姫路第二海軍衣糧廠東洋紡姫路工場甲南分工場として、予科練
生（海軍飛行予科練習生）のズボンを作ることになりました。生徒たちは手

先の凍るような辛い冬の寒さの中で、懸命にミシンを踏み続けたそうです。出来上がったズボンは次々と一つの教室の中に集められてうず高く積み上げられたとのことです。1945（昭和20）年3月17日昼、川西航空工場は空襲で被災、神戸大空襲と呼ばれ、生徒たちは深江から予め決められていた避難場所、神戸薬専（今の神戸薬科大学）近くの丘の上まで、焼夷弾が降り注ぐ炎の中、走りに走ったといいます。実はこの日の米軍の主要な攻撃目標の一つが、この川西航空工場だったとのことです。同じ航空工場に勤労奉仕していた他校の生徒には多数の犠牲者が出た中、本学園の生徒は全員無事避難することができたそうです。この川西工場に動員させられていた高女22回生の方は、国からの命令でこの3月に1年早く卒業することになったのです。上の学年21回生と合同の卒業式だったそうで、5年間の修学期間のはずが4年で卒業、しかも鉛筆を持てたのはそのうちのわずか2年余りだったのです。

　その後、阪神間は度々空襲を受けることになります。同年6月5日早朝、東神戸から六甲・住吉・本山という鉄道の沿線は、B29の大編隊総勢350機が落とす焼夷弾でことごとく灰燼に帰しました。甲南高等女学校の校舎も全焼し、下級生たちが必死で縫い上げた予科練生のためのズボンも、一着も発送することなく燃えてしまったとのことです。生徒の一人が、空襲警報のサイレンが鳴って夜明けの薄明かりの中女学校までたどり着いた時、既に校舎は炎に包まれ、とてつもなく大きな真赤な壁となって立ちはだかっていたそうです。紅蓮の炎が二階の教室を抜けて屋根の上からも空に向かって吹き出していて、とてもバケツの水で消せるものではなかったとのことでした。阪神大空襲でした。この空襲では、校舎だけでなく、多くの在学生やそのご家族も亡くなられました。

写真5　戦時中のモンペ姿の生徒

7. 校舎再建──学校は焼けたが甲南精神は焼けていない

　8月15日の終戦を経て9月15日、2学期の始業式が行われました。もちろん校舎はなく17日から近くの芦屋の仏教会館を借りて行われました。表校長は病のため校長を辞し、後任に兵庫県立第一神戸中学校長であった池田多助氏が就任します。11月の就任式で、池田校長は「学校は焼けたが甲南精神は焼けていない。これからは棘の道に違いないが、多年長養した甲南精神には一難来る毎に鍛えられて益々強くなる素直さがある。一つ一つ掘起こして自信をもって発揮していきましょう。その内に皆とともに必ず今日の試練を感謝すべき日が来ると信じます」と訴えました。翌1946年2月からは本山第一国民学校（現小学校）と魚崎国民学校を借り、分散して授業を行いました。教職員も徒歩・自転車で各学校を行き来しました。翌年4月からはやっと全生徒を本山第一・二小学校へ集めることができました。学び舎もなく、新しい教科書が間に合わず、戦時中の教材の不要な箇所を消したいわゆる「墨塗教科書」を使用していましたが、生徒たちの勉学意欲は真剣そのものであったと、当時を知る教師たちは述懐しています。食糧難の時代で、運動場や空き地はすべてイモや野菜畑となっていました。

　校舎再建への道程は容易ではありませんでした。戦後復旧の木材高騰の中、本学校舎の木材調達も中々捗（はかど）りません。理事は公職を追放され、阪神間の企業もほとんどが被災し、寄付は望みようもなかったのです。その中でその費用の一部でも工面しようと立ち上がったのは、卒業生でした。唯一焼け残った同窓会館（清友会館）を中心として、家屋が無事であった者は着物一枚帯一本、焼け出された者はカップ一杯の小麦粉、畑のイモなどを持ち寄り、第一回バザーが開催されたのは1946年10月、本山第二小学校を借りて行われました。

写真6　第1回バザーの受付の様子

生徒たちも紅茶（3円）やパン（8円）などを売り、それらの代金が校舎建設の資金の一部となりました。第一校舎の建設費の前金10万円の内の7万円は、実はこのバザーでの収益金だったのです。その後もバザーは毎年続けられ、講堂や第二校舎の建設費に充てられました。一時甲南高等女学校は再建不能とさえ囁かれましたが、それを当時の同窓生・教職員・生徒たちの手で復興したのです。日本全体が財政逼迫していた中、罹災した一私学が、国の援助も県の補助金もなしに、矢継ぎ早に校舎を建設できたのは、奇跡としか言いようがなかったのです。これらはすべて、後輩たちのために校舎を建ててやろうという一念から出発したのでした。

　1947年9月に待望の第一校舎が竣工しました。木造二階建てのささやかですが、やっと手に入れた自分たちの校舎でした。

8. 短期大学開学そして甲南女子大学開学へ

　1949（昭和24）年に、文部省が学校教育法・第百九条を追加して「当分の間、2年または3年の大学を認め、これを短期大学と云う」としています。この百九条は、新学制移行の際（大学の新学修制移行は、昭和24年）、新制大学の基準に達しないものに暫定処置として認めたものでありました。

　1951（昭和26）年には、生徒自らが署名活動をして、育友会会長にお願いに行っています。短大は昭和24年以降、日本の各地に創設され、東京では女子の短大進学が当たり前となってきているという時代でありました。1952年3月の謝恩会の席で、当時の高校4回生は阿部理事長に30分だけ私達の意見を聞いてくださいといって、かわるがわる短大設立の必要を訴えました。理事長はこの生徒たちの訴えに耳を傾け、退出する際に2・3年のうちに必ずつくると明言しま

写真7　短期大学正門

した。そして理事会
としても、設立を決
意しました。

　初代学長となった
池田氏の理想は、こ
の短期大学を日本一
の大学に育てること
にありました。開
学式で池田学長は
「もっと深味ある教
育をして、教養も豊

写真8　短期大学を含む校舎全景

かに見識広く、品性の床しい純日本的女性を育成し、新時代の要求する復興
日本の母としての根底を堅くさせよう」という言葉を述べています。

　1961（昭和36）年8月、育友会会長佐伯勇氏以下他の役員たちが、阿部理
事長と山本学長に面会し、4年制大学設置を強く要望しました。1955年の短
大設立当時、すでに女性の短大進学は珍しいものではありませんでした。そ
の6年後には、女性の4年制大学進学も普通の学歴となるところまで、時代
は進んでいたのです。

　新たな大学建設の土地探しは、これまた大変な作業でした。紆余曲折を経
て、1963（昭和38）年現在の森北町の地が売りに出されることになり、結局
この地に落ち着きました。この土地は、かつて大同生命（現在は大同生命保
険株式会社）を創立した広岡浅子の娘亀子の広大な邸宅があった地でありま
した。

　そしていよいよ造成・建築が始まりました。校舎群の設計は、昭和の建築
史の礎を築いたと賞される村野藤吾氏が行いました。村野氏は敷地造成時の
キャンパスの基本計画から数々の校舎・内装・備品に至るまで設計し、亡く
なるまでの30年以上本学の建設にかかわりました。

　その後、甲南女子大学は2002年に短期大学部を廃止し、現在5学部11学
科と大学院（修士・博士課程）を有し、毎年約1000人の新入生を迎え入れる
大学へと成長していきました。

9. 日本社会をリードする女性を育てる大学へ

　本学の沿革を見てみると、創立に関して実は世間から考えられていたほど恵まれていたとは言えない状況だったのです。「お嬢様学校」「花嫁養成学校」などと揶揄されがちですが、創立当時から「女子学生」のための学校ゆえに、基金も実は男子ほど集まりませんでした。女性に参政権もまだ与えられていなかった当時は、「女性に教育は不要」と考えられていた時代です。古い資料を読み返すと、とにかく高等女学校を維持するための資金の調達にどれほど苦労していたか、綿々と綴られています。

　そのような中、表校長のもと、現在の建学精神である「自学創造教育」が行われました。この教育の成果とは言い切れませんが、その後阪神大水害後、自分たちも被災したにもかかわらず女生徒たちは校舎の泥出しなどを率先して行い、神戸空襲で校舎全焼の際も、卒業生たちの発案で家にあるカップ1杯の小麦粉や大事な食糧である畑のサツマイモを持ち寄りバザーを開催、校舎建設の基金の一部を捻出したことからも言えるでしょう。またその後の短期大学設立も、学生たちの強い要望が開学につながったことも忘れてはならない事象です。

　「花嫁養成学校」と揶揄されたと前述しましたが、これは当時社会に女性が活躍する場がほとんどなかったことに外なりません。女性を取り巻く社会環境を示しますと、本学の前身の甲南高等女学校の創立は 1920 年。1946 年日本国憲法が公布翌年施行され、ここで初めて婦人参政権が成立し女性も立候補や投票が可能になります。その後 1972 年に勤労婦人福祉法が施行され、出産する職業婦人に配慮するようになります。それまでは働いていても結婚を職場に報告すると「寿退社」を迫られ、まして働きながら子供を産み育てる環境に社会はなっていませんでした。そして国連が女性差別撤廃条約を採択しましたが、この条約に日本が署名したのは 1980 年のことです。1985 年に男女雇用均等法が制定され翌年施行されましたが、差別撤廃に関してはまだ「努力義務」に留まっていました。差別が禁止になったのは、1997 年男女雇用機会均等法が改正されてからです。やっと性別にとらわれず女性が能力を発揮できるようになったのは、1999 年の男女共同参画社会基本法が施

行されてからのことで、ほんの 20 数年前の出来事です。2015 年には、10 年間の時限立法として女性活躍推進法が施行されましたが、現状を鑑みると 2025 年になってもおそらく目標の指数に届かないでしょう。

　以上のように見ていくと、高等女学校や短

写真 9　現在の校舎全景

期大学・大学を卒業しても女性が長く働き続けることは困難な社会状況であり、女子大が「花嫁を養成する学校」だからというのではなく共学の大学を卒業しても女性は同様でした。ただ、女子短期大学・大学での教育内容が、文系や家事一般に偏っていたことは事実でしょう。女性には夫である男性を支え子どもを生み育てる、いわゆる「良妻賢母」という役割が長く求められてきました。それが当時の日本「社会の要請」だったのです。

　しかし現在、「世界」が求めている女性像は 100 年前とは大きく異なっています。「社会の要請」に甘んじることなく、本学卒業生がその「日本社会」を変えるよう一歩も二歩も先を行く、リードしていく教育が求められると思われます。そうでなければ何れ本学は女子学生たちに選ばれなくなるでしょう。女子大学で学ぶからこそ、今までの女性が歩んできた苦難の道のりを理解し、しっかりと見据えて前へ進む必要があるのではないでしょうか。

【参考文献】

米田明美（2021）『甲南女子学園 100 周年史』（写真を含めて第 1 部・第 3 部より抜粋・加筆して掲載）、学校法人甲南女子学園

2 女性教育カリキュラムの意義と可能性

野崎 志帆

1. 女性教育カリキュラムとは

　「序論」で述べたように、女子大学にはさまざまな潜在的な強みがあります。その一つに、「女性に必要な学びが得やすい」というものがありました。ここで言う女性教育カリキュラムとは、学生が「自分らしさ」とともに「女性という記号」を肯定し、安心して、自信をもって、自由に生きていくための知識とスキルを提供し、自分はどのように生きていきたいのかを考え、自分の人生を主体的に選びとっていけるように、カリキュラムを通じて女性を応援する学びを提供することです。ただし、大学は男女関係なく、また共学か女子大学であるかにかかわらず、質の高い専門的な学問が提供される必要があります。女性教育カリキュラムとは、その上で、女性という記号を持つ学生に向けた“プラスα”です。その意味で、それは大学教育のほんの一部ですが、極めて重要な決して侮れない一部だと考えています。

　それでは、「女性に必要な学び」「女性を応援する学び」とは何なのでしょうか。本稿では、甲南女子大学における正課カリキュラムの取り組みについて述べていきたいと思います。

2. 本学の女性教育カリキュラムの取り組み

　ここ25年ほどの間の取り組みとしては、主に下記の四つを挙げることができます。

　a. 全学共通科目「女性学Ⅰ、Ⅱ」開講（1995年度～2001年度）
　b. 学際プログラム「女性学プログラム」開設（1998年度～2001年度）
　c. 全学共通科目「女性とジェンダー科目群」開設、2単位必修指定（2016年度～現在）

d. 教員有志の女性教育カリキュラムプロジェクト開始（2018年度～現在）

まずa. ですが、1995年から改訂された全学共通科目に、文学部・短大の学生を対象とした科目「女性学I、II」が開講されました（当時大学は文学部のみで、短期大学がありました）。女性学とは、男性の視点で構築されてきたこれまでの学問や知識のあり方を、「女性の視点」からジェンダーに敏感になって問い直し再構築することをめざす学問領域のことです。「女性学I、II」は当時本学では唯一の女性・ジェンダー関連科目でしたが、「自由科目」群（履修してもしなくてもよい科目カテゴリー）に配置されていました。しかし、当時かなり多くの学生が履修していたようで、この領域への学生の関心の高さがうかがえます。

次にb. ですが、1998年からは、上記「女性学」を担当していたジェンダー論研究者の牟田和恵教授（現在は大阪大学に在籍）の提案で、学際プログラム「女性学プログラム」が開設されました。これは、学科を越えて本学教員の専門科目を活かし「女性学」をより総合的なプログラムとして学生に提示するものです。本学で開講されている共通科目と、専攻科目のうち文学・言語学・社会学・教育学などの領域から女性学の観点を取り入れた計12科目ほどがプログラムとして示されています（図1参照）。これらの授業を全て履修する必要はなく、関心に応じ自由に履修するものでした。

当時の学生要覧には、「女性学（women's studies）とは、現代の女性運動の広がりの中で生まれた新しい学門領域で、『ジェンダー』（社会的文化的性差。女らしさや男らしさについての意識や考え方）に注目することで、既存のものの考え方や知識のあり方を超えること、そしてそれを通じて現代を生きる女性のパワーアップをはかる学びの方法です」と説明されています。女性学の観点から、学際的に女性を応援する学びを提供しようという、牟田先生はじめ当時関わっておられた先生方の情熱が垣間見えます。この頃はちょうど、他の女子大学において「女性学／ジェンダー」系研究機関が次々と設立されていった時期でもありました。

しかし、本学が文学部と人間科学部の二学部制となった2002年度、同時に行われた共通科目のカリキュラム改訂以降、4年間続いた女性学プログラムは終了し、7年間続いた「女性学I、II」もカリキュラム表から消えてい

授業科目			講義題目	担当者	学科・年次配当
共通科目	「女性学」	女性学Ⅰ	働く女性	采女節子	国・仏1
		女性学Ⅰ	女性学への招待	采女節子	英・人1
		女性学Ⅱ	女性学の多様な領域	牟田和惠 他	文1
		女性学Ⅱ	魔女とは何か	采女節子	文1（少人数限定）
	その他	職業論Ⅰ	マックス・ウェーバー・テーゼをめぐって	采女節子	文3
		職業論Ⅱ	職業選択の理論をめぐって	采女節子	文3
専攻科目	英文	女性と文化Ⅰ	英詩の中の女性	浅井紀代	英3（英文学科学生に限る）
	英文	女性と文化Ⅱ	英詩の中の女性	浅井紀代	英3（英文学科学生に限る）
	英文	社会言語学Ⅱ	ディスコース研究	林　礼子	英3
	仏文	フランス映画演習Ⅱ	Analyse de films	川合ジョルジェット	仏3
	人間	家族社会学Ⅱ	ジェンダーの社会学	牟田和惠	人2
	人間	教育史Ⅱ	女性を中心とした日本近現代教育史	三好信浩	人2

（出典：平成12〔2000〕年度学生要覧、129頁）

図1　甲南女子大学文学部学際プログラム「女性学プログラム」授業科目

ます。その後、共通科目に女性関連科目が一つもない状態が14年間続くことになります。

　次に転機となったのは、2016年度に行われた共通科目のカリキュラム改訂です。2014年度から始まった改訂作業に、私も当時の所属学部だった文学部の代表として参加していました。松林学長（当時）から示された方針には、「現代社会に十分配慮した内容とする」「女子大学であることを十分に織り込む」ことが含まれていました。当時運用されていたカリキュラムに女性・ジェンダー関連科目が一つもなかったことから、改訂作業の際には、他の女子大学のリサーチを行い、「総合科目群」の中に「女性とジェンダー科目」の枠を設けることにしました。社会における女性という記号がもつ意味、過去・現在の女性の状況を知らせ、これらのことが女性にどういう影響を与えうるのかを学ぶためのカテゴリーです。そこに、ジェンダー論入門／家族社会論／女子学／女性史／女性とコミュニケーション／国際社会とジェンダー／女性と社会・仕事／女性と身体、の8つの新規科目を開設しました。さらに、女性を社会に送り出す女子大学としての責務を明確にするために、

文学部・人間科学部（現在は後に開設された国際学部も）の学生は全員がこの中から「2単位以上必修」（最低1科目は必ず単位をとる）とすることになりました。これがc.の取り組みにあたります。2020年度以降のカリキュラムでは、さらにここに「女性のための法律」を加えた9科目が開講されています。

　この時改訂した共通科目には、女性とジェンダー科目以外にも、本学の看護リハビリテーション学部および医療栄養学部の専門性を活かした「健康科目群」があり、その中に女性の生涯と健康／女性と運動／女性のための栄養学、といった、女性に必要な学びの授業が用意されていることも特徴でしょう。学生が自分の体や健康を大切に思い、自身でそれを管理し自己決定できるようになるためにも、このような学びは極めて重要です。

　こうしてようやく本学においても、共通科目における女性教育が、明示的に重要な位置を占めるに至りました（図2参照）。

　上記a. b. c.の三つの取り組みは、いずれも全学的、組織的に取り組まれているものです。次のd.「女性教育カリキュラムプロジェクト」は、学科の専門科目を「女性」と関連づけながら学んでもらう点、そして現時点では全学的にフォーマルに取り組んできたものではなく、一部の教員有志が草の根の活動として任意で実施してきた点で異なります。

〈 全学共通科目を支える3つのキーワード 〉

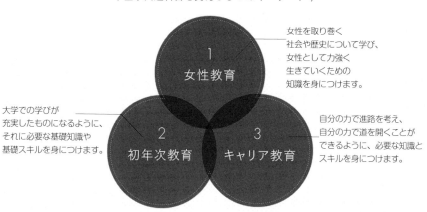

1　女性教育　女性を取り巻く社会や歴史について学び、女性として力強く生きていくための知識を身につけます。

2　初年次教育　大学での学びが充実したものになるように、それに必要な基礎知識や基礎スキルを身につけます。

3　キャリア教育　自分の力で進路を考え、自分の力で道を開くことができるように、必要な知識とスキルを身につけます。

（出典：甲南女子大学公式ホームページ）

図2　全学共通科目の概念図

3. 女性教育カリキュラムプロジェクト

　女性教育カリキュラムプロジェクトは、主に学科の専門科目に配置される講義科目において、意識的に「女性／女性性」と関連づけてアプローチする回を、15回のうち1回程度導入するというものです。またそれをシラバスにも明記し、専門科目における女性教育を「見える化」します。

　このプロジェクトのねらいは、学生にとっては（1）専門教育の学びと「女性」を接続させる回を設けることで、学びを一層「自分ごと」として引き受け、主体的、意識的に向き合えるようにすること、（2）「女性という記号」にきちんと向き合った上で、自らの生き方を考え選択できるようにすること、（3）女子大学で学ぶことの強みを実感してもらうことです。一方で教員・大学にとっては、（1）女性教育の意味、意義を改めて考えること、（2）本学の女子大学としての存在意義、ミッションについて全学的に考えるきっかけとすること、（3）本学の女性教育を具体的に外に見えるようにし「女性を応援する大学」としてのメッセージを打ち出すことです。

　実はこのプロジェクトは、2017年に私が着想したものです。科目自体がどのような内容であっても、その中に「女性／女性性」と結びつける講義があることは、「女性という記号」をもつ学生がその専門領域を学ぶ際に活気を与える'スパイス'の役割を果たすと考えたのです。また、教員が女子大学の存在意義や女性教育の意味を考える上でも、この取り組みは有益だと考えました。当時、女子大学である本学の存在意義とは何かについて、本学教職員がともに考えることが喫緊の課題だと考えていました。そこで、まずは大学の中心であるカリキュラムの設計と指導に関わる教員が、担当する授業を通じて女性教育について考えることから始められないか、と考えたのです。

　また、授業を「女性／女性性」に関連づけるという時に、先生方にはジェンダー論から入ることをあえて求めませんでした。それを条件にしてしまうとハードルが上がってしまい、議論の裾野は広がっていかないと考えたからです。それよりも、まずは教員の考える「女性／女性性」から出発し、教員間の自由な議論の中で「女性という記号をもった学生たちに、私たち甲南女子大学の教職員はなにができるのか。それは学生たちの安心、自信、自由に

つながるだろうか？」と互いに問いながら、女性教育の意味を考えていきたいと思いました。

このような取り組みに対しては、さまざまな立場から抵抗感や戸惑いが示されるかもしれないことも想定していました。しかしながら、本学が女子大学である以上は、避けては通れない議論です。本学において、異なる専門領域で教育や学生サービスに携わる私たちにとって、ともに学生たちの将来を考えていく際には、「女性」というキーワードは極めて重要なプラットフォームであることは間違いありません。そうであるならば、私たちがそれぞれの異なる専門性、価値観や意見の異なりを恐れずこのことに向き合う時、これまでとは異なる何か新しいものが生まれるかもしれない、という期待もありました。

2017 年の秋に、この取り組みを所属学科の多文化コミュニケーション学科（以下「多文化」）の専門科目で導入することを学科会議で提案し、学科の賛同を得て、2018 年度からは専任教員の全ての講義科目で導入しました。2年目の 2019 年度からは非常勤講師の先生方にも呼びかけをを行い、任意で導入いただいています。そして、2019 年度には、本学の女性教育、女子大学としてのミッションについて議論を活性化することを目的に、本学のプロジェクト助成金制度を活用して「甲南女子大学の女性教育を考えるプロジェクト」を立ち上げました（Ⅰの7「女性教育プロジェクトの取り組み」参照のこと）。以降は、この枠組みで女性教育カリキュラムプロジェクトの全学的推進を掲げ、趣旨に賛同する教員を中心に、学部学科を越えた導入の試みをスタートさせています。

また、このような呼びかけ以前から、すでに取り組まれている実践はあるだろうとも思っていました。それらを単なる個々の実践に留めず、「私たちの実践」として共有し、ともに探究し、時には学外に発信しながら、議論を重ねていくことがこのプロジェクトのねらいでした。

そのため、セメスター終了後には「女性教育カリキュラム意見交換会」を開催し、情報共有シートに基づき、授業で苦労したこと、疑問点、学生の反応や成果などについて、学部学科を越えて共有する機会を設けてきました。

導入例は実に多様です。文学作品の中の女性の登場人物に焦点を当てて女性の生き方について考える回を設けたり、環境問題の授業の中で環境分野で

活躍した女性を取り上げたりする事例もあります。また、他国の文化社会や歴史を学ぶ授業では、その地域の女性のライフスタイルや女性の歴史に焦点を当てる回を導入する授業もあるでしょう。医療系の学科では、15回全て女性の身体や健康をテーマにするような科目もありますが、一般的な理学療法の理論を学ぶ中で、骨の構造、痛みの感覚における性差や女性外来について学ぶ回を取り入れたものもあります。あるいは、「女性らしさ」はどのように生み出され、人はそれをどのように学習するのかを通じて文化習得のプロセスを学ぶ授業や、社会的課題を扱う授業ではジェンダー平等の観点からその理解を深めようとする事例もあります。しかし、必ずしも直接的にジェンダーやジェンダー平等に結びつける必要はありません。後述するように、このような取り組みがもたらす効果は多様だからです。

　このプロジェクトを導入して4年近くが経過しますが、学生の反応は、「授業全15回の中に1回は女性ということに関連づけて学べることがすごく良い」「ぜひこの取り組みを続けて欲しい」「今日の講義を聞いて女性で生まれてきたからこそ、社会に対して何かできることを探してみたいと思った」など、極めて肯定的です。導入している教員からも、「授業に向かう学生の姿勢が全く違う」「極めて有意義。学生が一層関心をもって学ぶ手がかりとなり、授業内容を身近な問題として捉えて『個人（学生）』と『社会』をつなぐことができる」といった声が聞かれ、多くの教員が手応えを感じ、結果としてジェンダー論への関心も広がっています。

　この取り組みは、いよいよ2022年度からは全学的に推進するフォーマルな取り組みとなりますが、カリキュラムの改訂をせずとも、既存の学科専門科目において汎用的に導入することができる点は大きな利点です。また全学共通科目で女性関連科目を開講する女子大学は多く見られますが、専門科目におけるこのような取り組みは、私が把握する限りあまり見られないものだと思います。

4. 女性教育カリキュラムは何をもたらすか？
——成果と可能性

以上のような女性教育カリキュラムは、学生たちに何をもたらすのでしょ

うか。もちろん、授業それぞれの内容にもよりますが、次のような効果をもたらしうると考えています。

1)「女性」という補助線を引いて各学問領域を眺めてみることで、その領域をより身近に自分ごととして理解する手がかりとなり、一層意欲的に学習に向き合える。
2)「女性という記号」をもつがゆえに社会において直面する課題を知り、それらに備え対処する方法などを学ぶことができる。
3)「女性という記号」にまつわる社会的につくられたイメージが、自らの可能性や自由を縛っていることに気づくことができる。

　1) は、3. で述べた学科の専門教育における女性教育カリキュラムの効果です。2018 年度にこれを導入してから今年で 4 年目を迎える多文化コミュニケーション学科では、導入前の 2017 年度は、卒業研究の題目に女性に関連するテーマを選ぶ学生は 6.7％ でしたが、導入後の 2018 年度以降はほぼ倍増して 12 ～ 16％ の学生が女性に関連するテーマを選んでいます。少なくとも、女性教育カリキュラムプロジェクトは、学生が自らの「女性という記号」に向き合う上で何らかの影響を与えているのかもしれません。
　2) と 3) の効果は、主に女性の困難が待ち構えている卒業後に備え、女子大学こそがその重要性を認識する必要があるでしょう。ただ、実は実際のジェンダー不平等を自分ごととして実感する女子学生は決して多くありません。本学においても、「女性専用車両もあるし、映画もレディースデイがある。むしろ女性は優遇されている」とさえ思っている学生は少なくありません。彼女たちが実際のジェンダー不平等を実感しにくい最も大きな要因は、日本の女性の困難の多くが、卒業して社会に出た後に待ち受けているからです。また、学生時代には実際のジェンダー不平等に実感がもてない彼女たちであっても、それが後々自分の可能性を狭めたり方向づけていることも知らずに、実はそれまでの生活の中で、固定的な性別役割意識を無意識に学習してきています。上記の 3) は、学生が自信をもって自由に生きるために、「女性という記号」にまつわる社会的につくられたイメージを一旦意識化し、相対化してみるプロセスとして必要なのです。

　1年生対象のオムニバス授業「大学を知る」で、「女子大学で学ぶ意義」について講義した際のレポートに、次のように書いた学生がいました。

　　「私が考える女子大学で学ぶ意義は、女性という肩書を持って社会の中で生きる事の難しさと問題点を社会に入る前に理解・把握し、その環境の中で生きていくための知識や戦略などを得ることだと思う。」
　　「女子大生時代に深めておいた男女格差への正しい理解があると、『わたしならこの状況をどう変えることができるか』を有意義に考え、可能性を広げられるのではないだろうか。」
　　「女性の生き方についてみつめ直すことをしたいと考えています。実際に社会に出たときに、他人からの意見を鵜呑みにするのではなく、『女性だから』『女性なのに』という考えに対して疑問を持つことができ、解決策を考えることができるような知識を身に付けておきたいと強く思います。」
　　　　　　　　　　　　　（2020年度「大学を知る」新入生レポートより）

　卒業後の社会の状況を知った時、このような学びは彼女たちのニーズとも合致することがわかります。
　また3）は、「女性という記号」自体を肯定的に受け入れられずにいる学生にとって、重要な意味をもちます。実際、女性に対する偏見や差別を思うにつけ、自分自身の女性という記号について肯定しきれない複雑な思いをもっていたと吐露する学生もいます。

　　「私は、自分のことを女性というより人間として意識してほしいと思っていました。世の中には様々な偏見や差別があってよくないと思っていたからです。でも、今回の授業を通して、女性だからできること、女子大学だからできることもあるんだなと思いました。」
　　「（女子大学に対して自分が不安に感じている原因は、）私自身が女性であるという事を認めきれていなかったということだ。女性であるという認識を多少意識していたからこそ、残りの認めきれていない部分が女性という事を強調されるのを不快に感じていたのだ。だから、女子大という環境に対しても卒業後のことについても不安を感じていたのではないかと思う。」

（2020年度「大学を知る」新入生レポートより。（　）内は筆者による補記）

　皆さんなら、これらの学生にどのような言葉をかけるでしょうか。「自分が女性であることなど気にしないほうがいい。みんな同じ人間なのだから」と言う人もいるかもしれません。そのように言いたくなる気持ちも理解できます。しかし、社会の中に「女性／男性」という記号が機能している限り、学生は決して「女性という記号」と無縁ではありません。そこから目を逸らすことは、結果として、既存の社会において「女性という記号」に付与されたイメージや、社会における不当な扱いを放置し、ありのままの自分を肯定できないでいる学生をそのまま、女性を周縁化する社会の中に放り込むことのように思えるのです。その「女性という記号」に付与されたイメージは社会構造によってつくられたもので不変ではないこと、「女性という記号」は決して卑下する必要のないものであることを伝え、学生たちには自分の可能性を狭めようとする否定的なエネルギーを跳ね返し、しなやかに生きていってほしいと思うのです。

5. エンパワメントのための女性教育カリキュラム

　女性教育カリキュラムにとって、「女性という記号」と向き合うプロセスは不可欠なものですが、女性という記号に向き合うと言っても、学生をそれに縛りつけるためのものであってはならないでしょう。ある特定の型にはまった女性らしさや女性像を「あるべき姿」として一方的に教え込むような教育ではなく、女性という記号を相対化し、それと「上手に向き合えるようになる」ことで逆に自由になり、どのように生きるかを自分で主体的に選び、学生が「私らしく」いられるようになるということが大切です。

　そして女性教育カリキュラムは、学問を通じて、学生自身が女性という記号を媒介に「私と世界」のつながりを取り戻し、世界を「自分ごと」として引き受け、そこに主体的に関わっていけるようにするものだと言えるでしょう。前述のような、女性教育カリキュラムに対する学生や教員からの肯定的な反応は、その一端を表すものだと思います。女性教育カリキュラムは、女性という記号をもつ学生が「私らしさ」を獲得し、学生の潜在能力を開花す

ることに必ずつながると確信しています。

　ある新入生は次のように書いていました。

　　「先生方もとても優しく、強い女性が多いと感じています。社会に出て働
　　く女性像が一番近くで感じられています。これから先、社会に出た時の自
　　分が想像出来ませんが、先生たちのような女性として強く働ける人に憧れ
　　ています。ジェンダーがとても関わる時代の中で女性ということがどうい
　　うものかをもう一度考え直せる機会だと思っています。社会に出た時、女
　　性だからという理由で考えることが正直たくさんあると覚悟はしています。
　　ですが、甲南女子での理念や教育、精神の全ては私を必ず強くしてくれる
　　のだと私は多くの信頼を持てると感じさせられました。」

　　　　　　　　　　　　　（2020 年度「大学を知る」新入生レポートより）

　この学生が寄せてくれている信頼と期待に、私たちはどのように応答して
いくことができるでしょうか。

　さて、これまでフォーマルなカリキュラムにおける女性教育を中心に述
べてきましたが、一方で、インフォーマルな「隠れたカリキュラム（hidden
curriculum）」も重要な視点であることを、最後に付け加えておきたいと思い
ます。隠れたカリキュラムとは、公的カリキュラムではない、慣行、習慣、
言語表象、雰囲気などに暗黙のメッセージとして示されるものを指していま
す。隠れたカリキュラムは、知らず知らずのうちに、人々の間に一定の価値
や態度、合意を形づくるシステムとなっていることが指摘されています。ま
た、例えばどんなに授業で多様性や自由、ジェンダー平等が謳われていたと
しても、キャンパス内で、学生に接する教職員の振る舞いや言葉、学内掲示
物のイラストやテキスト、教職員同士の関係性、責任ある職位・役職者の
ジェンダーなどに、固定的な性別役割分業やジェンダーの偏り、女性を周縁
化するメッセージが暗に織り込まれている場合、学生は授業内容よりもこれ
ら隠れたカリキュラムからより多くを学習すると言われています。このよう
な点についても、今後は検討していく必要があるでしょう。

　教育には、既存の社会への「適応」を促す役割があります。その社会で自
分の居場所をある程度確保する必要があるからです。しかし、教育には「革

新」をもたらす役割もあります。社会は常に私たちにとって不完全で、「適応」することによって幸せになれるものとは限らないからです。前述の「女子大学で学ぶ意義」の講義後レポートに、別の新入生は次のように書いてくれました。

（甲南女子大学広報課提供）

写真 1　講義を聴く学生

　「(女子大学は) 女性を特別扱いするという意味ではなく、女性が社会で男性と対等に渡り歩けることができた先に、女性も男性も共に自信を持てる世の中にしていくことが最終的な目標だと気づくことができた。これらの目標をかなえるために、この大学で学ぶ私たちには、自分たちもイニシアチブをとり、男性を巻き込みながらジェンダー不平等が残っている日本社会をよりよくしていくミッションがあると心に留めていくべきだと思った。」

（2020 年度「大学を知る」新入生レポートより）

　教育は「適応」と「革新」の道具を、静かに祈りを込めて次の世代の人たちに手渡す営みだと考えます。またそれは、学生の皆さんにとっても、手渡す側の私たちにとっても希望なのです。

【参考文献】

宮崎あゆみ (2013)「かくれたカリキュラム」木村涼子・伊田久美子・熊安貴美江編著『よくわかるジェンダー・スタディーズ』ミネルヴァ書房

3 図書館における女性教育の展開

中岡 妙子

1. 阿部記念図書館について

　甲南女子大学図書館（本館）は、1976（昭和 51）年に、大学開学 10 数年を経て、新たな飛躍発展事業の一環として建設されました。設計は建築家、村野藤吾によるものです。戦後 30 年にわたって理事長を務めた阿部孝次郎の功績を記念して、甲南女子大学阿部記念図書館と命名されています。

　さて、この図書館の特徴は、全館開架式という国内の大学図書館としては珍しいシステムを採用していることです。これは利用者が必要とする資料を自由に直接手に取ることができるシステムです。建物の内部は吹き抜けになっており、中央部分には閲覧室があります。そして閲覧室の周囲は書庫になっているため、まるで書物に囲まれた空間の中で、読書や勉学がおこなえるように設計されています（写真 1 参照）。この素晴らしいアイデアは建設当時の学長と建築家の思いが共鳴して作り上げられたと伝えられています。「ひらめき」や「出会い」を創造するように演出された空間で、今どのような活動が行われているのかをご紹介します。

写真 1　甲南女子大学図書館（本館 2 階・閲覧室）

2. 独立行政法人国立女性教育会館（NWEC）との連携

国立女性教育会館（NWEC）は、男女共同参画の推進を目的に、調査研究や情報収集、女性リーダーの育成のための研修など様々な事業を展開しているナショナルセンターです。

甲南女子大学図書館では NWEC の収集した貴重な資料を借り、図書館内で特別展示を行っています。学生が自分の将来を考える際に活用できるようなテーマを設定し、これまで 4 回の展示を行いました。中でも利用が多かったテーマは、2019 年の前期に行った「大学 1 年の女子大生が読んでおくべき本」というものでした。学科との連携もあり、特に 1 年生の利用が多かったようです。

またキャリアサポートの一環として女性のライフコースと仕事に役立つ資料の紹介にも力を入れています。早い段階から将来を考える機会を提供し、目指す社会人の姿をイメージできるような資料を揃えています。特に最近では就職活動を応援する意味で「ガクチカ（学生時代に力をいれたこと）」を表現するためのスキルやヒントになる資料も案内しています。

3. 時代の先駆けとなった女性たちの著作の蒐集

甲南女子大学図書館には国内外の貴重な資料のコレクションがあります。たとえば今から 1000 年以上も前に執筆された『源氏物語』（図 1 参照）は紫式部という女性の作品です。『源氏物語』は平安時代に書かれたものですが、当時の写本は 1 冊も残っていません。甲南女子大学図書館で所蔵している『源氏物語』梅枝の巻は、鎌倉時代中期の写本と推定されています。

また、私たちが、今、使っている「看護」という言葉を生み出したフローレンス・ナイチンゲールの著書『看護覚え書』（1860 初版本、図 2 参照）は、すべての女性に向けて書かれました。そのオリジナルの資料も所蔵しています。

図書館ではこれらの貴重な資料を身近に感じ、時には研究の資料として閲覧できる環境を整えています。2020 年の秋にはコレクションの中から「輝

き続ける女性たち——時代をこえて——」というテーマで貴重書展を開催しました。この貴重書展は、学生主体による学科・組織横断型アカデミックイベント創出プロジェクトのテーマである「限界を突破する女性」との相互協力・協働で作りあげたものです。展示した貴重書の1冊であるメアリ・ウルストンクラフトの『女性の権利の擁護』（1792 初版本、図3参照）の一部をプロジェクトの学生に翻訳してもらい、多くの見学者に見ていただくことができました。翻訳に携わった学生たちの喜びも伝え聞き、200 年以上も前から女性の生き方を考えていた著者の思いを現代の学生が活かしたまさにイノベーショナルなプロジェクトとなりました。

4. SDGs（持続可能な開発目標）の取り組み

　SDGs は、2016 年から 2030 年の 15 年間で達成すべき "世界共通の目標" として、2015 年 9 月に国連で開催された持続可能な開発サミットで国連に加盟している全 193 カ国によって採択されました。

　甲南女子大学図書館はいち早くこの取り組みに関心をもち、利用者に SDGs を広める活動を展開してきました。図書館では、特に 4 番目の目標である「質の高い教育をみんなに」に深く関わることができると考えました。ポスターの掲示や基礎的な資料を揃えて利用者に自ら考えるきっかけづくりを心掛けました。誰でも簡単に始められることをシリーズ化し、「3 秒でできる SDGs」というポスターを作りました。「ペーパータオルよりもハンカチを使おう」という掲示をトイレに、また学科が推進している産学連携のプログラムを応援するために「プラスチックよりもマイボトルを使おう」という掲示を図書館内に設置しました。

　これまでにご紹介してきたどの取り組みにも言えることなのですが、本の表紙が見えるように展示を工夫することや、本の内容やおすすめのコメントを付けることで利用者の「見てみようかな」というココロをくすぐるようです。ベストセラーでもない本がひと月に 4 回も貸し出されることもあり、効果は絶大です。これは、失敗したくない、無駄な時間を使いたくないという「やや慎重さん」たちにはとても役立っていると思います。

（甲南女子大学図書館所蔵）

図1 『源氏物語』梅枝　伝藤原為家筆　鎌倉時代中期書写

（甲南女子大学図書館所蔵）

図2　ナイチンゲール『看護覚え書』
Notes on Nursing : What It Is, and What It Is Not / by Florence Nightingale. 1860（初版）

（甲南女子大学図書館所蔵）

図3　ウルストンクラフト『女性の権利の擁護』
A Vindication of the Rights of Woman with Strictures on Political and Moral Subjects /
by Mary Wollstonecraft. 1792（初版）

　反対に未知の世界に飛び込むことが好きな「好奇心旺盛さん」は、広い図書館の中から自分だけの特別な一冊を求めて自由に探し出すことにチャレンジしています。どちらのタイプでも最後まで読めなくても気にすることはありません。自分にピッタリの本を探すことは自分探しにも通じます。時には手にした本の隣にある本を開いてみてください。もしかするとそれが運命の一冊との出会いとなるかもしれません。

5. 図書館の今後

　図書館という場所は、女性が活躍できる職場の一つでもあります。管理職に占める女性の割合は長期的には上昇傾向ですが、国際的に見ると依然として低く、アジア諸国と比べても特に低い水準にあります。厚生労働省の発表では、平成 30 年度の課長相当職以上の管理職に占める女性の割合は 11.8% で、部長相当職では 6.7% だそうです。甲南女子大学図書館の歴代図書館長の 21% は女性が務めてきました。甲南女子大学の中でも女性の活躍率の極めて高い部署の一つであると言えます。

　2019 年には女性活躍推進法などの一部が改正され、今後ますます女性の活躍が期待されます。しかしながら、先行きが不透明な社会で現在学生のみなさんがよりよく生きるための能力、すなわち「(1) 十分な知識・技能、(2) それらを基盤にして答えが一つに定まらない問題に自ら解を見いだしていく思考力・判断力・表現力等の能力、そして (3) これらの基になる主体性をもって多様な人々と協働して学ぶ態度」(学力の 3 要素) を学校で身につければ「学び」が終わるということはありません。社会に出てからも「学び」は続きます。特に女性は年齢を重ねるごとにライフスタイルが変化していきます。どのステージにおいても「学び」を続けられるように甲南女子大学図書館は卒業生の利用を受け入れています。一旦仕事を離れた方が再び社会へもどるために、また今の仕事をステップアップするための「学び直しの場」としてみなさんを支援することが図書館にも求められています。学びの最前線にある大学の図書館という利点を活かして、女性の教育を支え続けていきたいと思います。

【参考文献】

SDGs 国連広報センター　https://www.unic.or.jp/

厚生労働省「平成 30 年度雇用均等基本調査」の結果概要

　https://www.mhlw.go.jp/toukei/list/dl/71-30r/07.pdf

独立行政法人国立女性教育会館　https://www.nwec.jp/

文部科学省　高大接続システム改革会議「最終報告」（平成 28 年 3 月 31 日）

　https://www.mext.go.jp/b_menu/shingi/chousa/shougai/033/toushin/1369233.htm

4 保健センターの取り組み
──女子学生のからだとこころの健康への支援

八木 麻理子

1. 保健センターについて

　甲南女子大学の保健センターは、それまでの学生生活部保健室からその機能を拡大したかたちで 2013 年 4 月に開設されました。人間科学部総合子ども学科および心理学科、看護リハビリテーション学部、医療栄養学部などでの学外実習の前に必要な健診や各種検査を実施し、スムーズに実習に臨むことができるよう学生の皆さんの利便性を向上させることが機能を拡大する目的のひとつでした。また、2015 年 4 月には学生相談室を統合し、「保健センター　からだの支援室・こころの支援室」となりました。ふたつの支援室がお互いにしっかりと連携して学生および教職員の"からだの健康"と"こころの健康"を支援することも保健センターの果たす重要な役割です。

　現在は保健センター長（医師）、看護師、臨床心理士が情報を共有し、学生、教職員の皆さんの支援に当たっています。

2. からだの支援室とこころの支援室

　からだの支援室では、応急手当、定期健康診断、健康相談の役割を基盤として、実習前の健診、抗体検査（血液検査）、腸内細菌検査（検便）などを提供しています。健康相談では、学内外の医師（学校医、産業医、内科医、産婦人科医、心療内科医）が月 1 回ずつ担当し相談にあたる日を設けています。保健センターは診療所として認定されていることから、健康相談医が医療機関への紹介状を発行することもでき、皆さんの健康管理に結び付きやすい支援を行っています。応急手当の際には、必要に応じて適切な医療機関を案内し、搬送にも対応しています。看護師による保健指導として、"痩せ"や"肥満"に対する BMI（Body Mass Index：体重と身長から算出される肥満度を

示す数値。BMI〔kg/m2〕＝体重〔kg〕÷身長〔m〕÷身長〔m〕）指導（生活習慣・健康状態・月経の状態の確認、食事・運動などのアドバイス、健康相談や支援に関する案内、希望者へのフォロー）や、禁煙指導などを行っています。新杉らは、思春期および若年女性の"痩せ"（BMI＜18.5）の割合は高く、1980 年以降増加していることを報告しています。痩せすぎであることは、月経不順や将来の骨粗しょう症などに、また肥満は生活習慣病につながります。定期健康診断の結果をもとに、対象者に連絡をとり、体重という身近な指標から自身の健康に関心をもち、健康管理に役立ててもらうように取り組んでいます。

　こころの支援室は、豊かで充実した普段の生活を送ることができるよう、どんな小さなことでも相談できる場として、カウンセラー（臨床心理士）が対応しています。「自分を見つめたい」「将来のことや進路のことを相談したい」など自分の性格や人生について、対人関係について、「やる気が起きない」「何となく不安」「過食」「拒食」など心身の悩み、家族に関する相談などから、ちょっとした気がかりなことでも相談にのり、こころの健康のサポートをしています。

　からだの不調をきっかけとしてこころの不調が出てくる場合もあります。一方、こころの不調の影にからだの不調が隠れている場合もあります。"からだの健康"と"こころの健康"が関連していることは少なくありません。そのため、からだの支援室とこころの支援室とが連携することを大切に考えて支援を行っています。

3. ヘルスリテラシー獲得のためのサポート

　自分の健康について関心をもち、健康管理ができるようになることも、社会生活を送るうえで大切です。保健センターでは、ヘルスリテラシー獲得への第一歩を学生時代に踏み出せるような支援も行っています。ヘルスリテラシーとは、「健康情報を獲得し、理解し、活用するための知識・意欲・能力」を指します。その第一歩としては、自分のからだのこと、こころのことを知ることが大切でしょう。1 年生を対象とした、全学共通科目「大学を知る」では、女性のからだのメカニズムについて、健康相談医も担当してくだ

さっている産婦人科医師に講義を依頼し、女性として自分のからだを学び関心をもつ機会としています。

　ヘルスリテラシー獲得への支援として、2019年度には人間科学部事務課が主催するランチミーティングイベント（テーマ：女子大学だから身につく、生涯を生き抜く知恵を持とう）で30分間のミニレクチャーを行いました。2回に分けて行われたイベントの第1回を保健センターが担当し、女性のからだの成り立ちから、月経の仕組みや月経に関連する症状について、お話をしました。昼休みにランチを食べながら話を聞くという形式をとり、学生の皆

図1　2019年度　人間科学部事務課主催
　　　ランチミーティングポスター

さんも参加しやすかったようです。実施後のアンケートでは「ホルモンの変化も含めて月経の仕組みを知ることができた」「月経周期を把握することで自分の体調を把握することができることを知った」「月経周期によって、イライラしたり食欲旺盛になったりすることに納得した」「健康やからだのことをもっと詳しく知りたい」などの意見が寄せられました。第2回には、看護学科の友田壽子先生が、DV（Domestic Violence）の被害を未然に防ぐ方法などについてのお話をしてくださいました。

　2018年に日本医療政策機構から発表された「働く女性の健康増進調査2018」では、"女性に多い病気のしくみや予防・検診・治療の方法について"が性や女性の健康に関して学校の授業でもっと詳しく聞いておきたかった内容の第1位として挙げられています。女性のからだの仕組みや月経のことも含めた女性の健康について知る機会を提供することは、女子大学だからこそ取り組みやすく、また、女性教育として取り組むべきことといえるのではないでしょうか。

4. こころの支援室によるグループワーク

こころの支援室では、こころの支援室を知ってもらうこと、来談のきっかけづくりを目的として、毎年グループワークを開催しています。2019 年度は、「自分のこころを知ろう」というテーマでストレスチェックを、また、「こころを味わうこと」「こころを感じること」に焦点をあて、コラージュを実施しました。参加した学生の皆さんは、コラージュという"作業すること"を通して、自分を

2019 年度　保健センターこころの支援室企画
コラージュの世界を味わいましょう

コラージュ (collage：糊づけすること) は、絵画技法のひとつで最初にピカソらが製作したといわれています。現在では、心理・教育・医療などに発展、活用されています。あなたもコラージュの世界を味わってみませんか？

日時：11 月 13 日（水）14:40～16:10
場所：931 教室

図2　2019 年度　保健センター・
こころの支援室　企画ポスター

みつめること、解放することができたようでした。2020 年度は、コロナ禍で人との交流を大幅に制限せざるを得ない状況となりました。今まで当たり前だったことが当たり前にはできなくなり、なんとなくしんどく感じること

図3　2020 年度　保健センター・
こころの支援室　企画ポスター

の多い日常を少しだけ忘れられる場面を提供する、という視点から内容を検討しました。"作業すること"で、自分の世界に集中し様々な感情から少し距離を置く時間を設けること、他者と同じ時間と空間を共有することを目的として、消しゴムはんこづくりを、感染対策を講じたうえで行いました。学生の皆さんの"身近にあるものを使った作業"ということで親しみをも

ちやすく、興味や関心にそう企画で目的とする場を提供できたのではないか
と思います。今後も学生の皆さんのニーズに合った内容を企画し、何かしん
どさを感じた時に気軽に相談できる・利用できる支援につなげていきたいと
考えています。

【参考文献】
新杉知沙・黒谷佳代・三好美紀・瀧本秀美（2020）「国際栄養指標に基づく母子栄養状
　　態の推移」『栄養学雑誌』78 巻：39-49
日本医療政策機構（2018）『働く女性の健康増進調査 2018』2018 年 3 月 22 日
　　https://hgpi.org/wp-ontent/uploads/1b0a5e05061baa3441756a25b2a4786c.pdf

5 リーダーシップ教育

佐伯　勇

1.「全員発揮型」のリーダーシップが求められる時代

　「リーダーシップ」という言葉に対して、皆さんはどのようなイメージをもっていますか。社長や部長など能力や意欲の高い人がリーダーという立場に立ち、メンバーを引っ張ってまとめている状態をイメージするのではないでしょうか。自分はリーダータイプではなく、リーダーシップとは関係ないと思っている人も多いかもしれません。

　しかし、リーダーシップのあり方は、近年大きく変化しました。少子高齢化・グローバル化・ICT化が進み、変化が激しく正解の見えない現代社会では、従来型の「トップ層が発揮するリーダーシップ」だけでは、変化に対応することや新しい価値を生み出すことが難しくなりつつあります。特にコロナ禍で社会環境が世界的に急変したことで、権限や役職がなくても現場の一人ひとりが目的を理解してリーダーシップを発揮する組織の重要性が認識されるようになりました。

　ここで言うリーダーシップとは「組織の目標を達成するために発揮する他のメンバーへの影響力」のことを指します。リーダーシップを「影響力」と定義するならば、例えば傾聴すること、チームが落ち込んだときに明るく振る舞うこと、リーダーの側でサポートをすること、縁の下の力持ちの仕事なども「良い影響」があるなら「良いリーダーシップ」になります。リーダーシップとは「すべての人が発揮できるもの」であり、個人の能力や適性に合わせて「自分らしく発揮できるもの」という認識が広まりつつあるのです。

2. 自分らしいリーダーシップの発揮方法は誰でも学習可能

　「全員発揮型のリーダーシップ」には生まれつきの才能や能力は必要なく、誰でも自分の持ち味を活かしながら身につけることができます。しかし、自

分に合ったことや自分にできることをただやっていればよいというわけではありません。自分が良かれと思って行動したことでも、他者に良い影響を与えることができず、場合によってはチームの雰囲気を悪くしてしまうこともあります。

　自分の行動が相手にどのような影響を与えているのかを知るためには、相手に聞いてみるのが最も確実です。リーダーシップ教育では、受講生がチームでプロジェクトに取り組み、実際にリーダーシップを発揮する機会を作ります。プロジェクトの節目ごとに振り返りの機会を設け、自分の発言や行動がメンバーやチームにどのような影響を与えたのかをフィードバックとして伝えあい、自分と相手との見え方や感じ方の差を認識して解消していきます。

　受講生は、相互フィードバックを通じて、他者から見た自分の強みを知ることになります。自分の強みは自分ではわかりにくいため「自分に強みなどない」と思っている人も少なくありません。相互フィードバックを通じて自分らしさを発見し、自分にもリーダーシップが発揮できることを知って自信をもつことで、無理なくより良い行動ができるように成長していくことができます。

3. 女子大学における女性教育としてのリーダーシップ教育

　「全員発揮型のリーダーシップ」は性別によらず身につけるべきスキルですが、女性の特性を活かしやすいという側面があります。成田秀夫は、汎用的技能を測定する PROG テストの結果を男女別に比較し、対人基礎力の中では男性は女性より「統率力」に優れ、女性は男性より「親和力」に優れることを指摘しています。親和力とは「相手の立場に立ち、思いやりをもち、共感的に接することができる。また多様な価値観を柔軟に受け入れることができる」力と定義されています。個人差はありますが、女性は引っ張るリーダーシップよりも、相手を観察し、感情や考えを察して支援するリーダーシップを習得しやすいのかもしれません。

　一方で、「女性らしさ」という社会規範が、女性のリーダーシップスタイルに影響を与えている可能性も否定できません。ここに女子大学でリーダーシップを身につけるメリットがあります。女子大学では自分が女性であるこ

とを意識せず他者と関わることができます。性別役割意識から解放され、純粋に「自分らしさ」を探求できる環境が女子大学にはあるのです。

4. 甲南女子大学におけるリーダーシップ教育の取り組み

甲南女子大学では、2017 年に西日本の大学と全国の女子大学で初めて、「全員発揮型のリーダーシップ」を開発する正課科目を主に新入生向けの全学共通科目として開始しました。クラス数は、初年度は 1、2018 年度からは 2、2021 年度には 3 クラスに拡大しています（表 1 参照）。前期と後期の内容は、年度によって提案型プロジェクト、実践型プロジェクト、スキル開発を組み合わせて設計しています。

授業では、リーダーシップ行動を整理して考えるために、日向野幹也が提唱したリーダーシップ最小三要素を用いています。常に全員がすべての要素を発揮している必要はありませんが、チームで成果を出すためには、三要素がバランスよく機能するように、メンバーそれぞれが気を配る必要があります（表 2 参照）。

授業では、企業などのクライアントが解決したい課題を提示し、受講生が 4 〜 5 人のチームとなってコンテスト形式で解決策を提案するプロジェクトに取り組みます。中間発表と最終発表の直後には、チーム活動を振り返るとともに、チーム内で相互フィードバックを送りあいます。15

表 1　クラス数と受講者数の推移

年度	クラス数	教員数	LA 数	受講者数	
				前期	後期
2017	1	1	2	26	22
2018	2	2	4	35	35
2019	2	2	2	56	56
2020	2	2	4	60	47
2021	3	3	6	89	48

（筆者作成）

表 2　リーダーシップ最小三要素

最小三要素	具体的な行動
目標設定・共有	チームの目標を設定して共有する。チームとして目標を意識し続けるように継続して働きかける。
率先垂範	目標に向けて自ら行動する。メンバーに指示や命令をするのではなく、自ら行動を起こしてチームに良い影響を与える。
相互支援	メンバーが行動しやすいように支援する。壁や障害を取り除き、チームとして最大の力を発揮できるように環境を整備する。

（日向野〔2018〕を参照し、筆者作成）

（中原他〔2018〕を参照し、筆者作成）

図1　プロジェクト型学習と経験学習のサイクル

回のうち実に5回の授業を振り返りや相互フィードバックに費やし、自分の
リーダーシップ行動とその影響を丁寧に見つめます。この授業の大きな特徴
の一つは、プロジェクトを目的ではなく、リーダーシップ開発の手段と位置
付けている点にあります（図1参照）。

　もう一つの特徴が、教員の支援を受けて授業を運営する学習アシスタント
（LA: Learning Assistant）の存在です。授業中に主に教壇に立つのは、前年
度の受講生から選抜されたLAです。LAと教員は「受講生のリーダーシッ
プの学びの最大化」を目標として共有する授業運営チームとなり、授業前の
約50分間は準備のため、授業後の約60分間は振り返りと次回授業準備のた
めのミーティングを行います。受講生は自分とほとんど年齢の変わらない
LAが先生のように授業を進行する姿を見て憧れ、ロールモデルとして意識
するようになります。LAは前年度に受講生だった経験を活かして授業運営
について教員に提案するとともに、受講生に対しては優しく、しかし毅然と
リーダーシップを発揮し成長するための支援をします。上級生が授業の支援

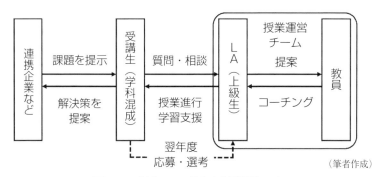

（筆者作成）

図2　LA制度による学生中心型授業モデル

をする制度のある大学は多いものの、上級生が授業を運営する事例は全国的にも珍しいと言えます（図2参照）。

　以上のような工夫の結果、受講生の多くは受講後に強い成長実感をもちます。2020年度前期末の受講生アンケートからは、ほぼすべての受講生が自分の特徴に気付き、リーダーシップ行動を意識できるようになり、結果として成長実感をもつようになったことがわかります。特に、「前期で最も成長したと感じる授業はこの授業である」と回答した受講生が8割に達することは、この科目が比較的成長実感を得やすいことを示唆しています。

表3　2020年度前期末受講生アンケート結果（N=59）

設　問	肯定的回答率
この授業を通じて自分が成長したと感じる	100%
前期で最も成長したと感じる授業はこの授業である	81%
自分のリーダーシップの特徴に気が付いた	98%
自分の意見をより話せるようになった	98%
他人の意見により耳を傾けるようになった	100%
より目的や目標を意識するようになった	100%

（筆者作成）

5. さらにリーダーシップを伸ばすための上級生向けプログラム

　授業としては前後期の1年間にわたり教育プログラムを提供していますが、さらにリーダーシップを伸ばしたいと考える学生のために、LA以外に三つの上級生向けプログラムを用意しています。

1）他大学のLA

　2019年度より、西日本の大学で2例目となるリーダーシップ科目が、桃山学院大学経営学部ビジネスデザイン学科で開始されました。その新設学科のリーダーシップ科目のLAを、2年間にわたり本学のLA経験者が担当しました。学部学生が他大学の授業の教壇に立つのは、全国的にも極めて珍しいことです。

　本学のLAにとっては、共学のビジネス系学科という、新たな環境におい

てリーダーシップ開発の支援を担当することで、更なる経験と成長の積み上げが期待できます。本学で LA を担当すると、他大学の授業運営を任されるだけのスキルとリーダーシップが身につくとも言えます。

2) 学生アクションラーニング（AL）コーチ養成講座

　チームメンバーのリーダーシップを引き出し、チームや個人の学習と成長を支援するアクションラーニング（AL）コーチを育成するため、日本 AL 協会認定の学生 AL コーチ養成講座を実施しています。資格を取得することで、企業研修など人材育成の現場に参加することができます。2019 年度には西日本の大学、全国の女子大学で初めて、本学学生 5 名が学生 AL コーチとして協会の認定を受けました。2020 年度も 6 名の学生が認定を受け、グローバル企業の社員研修に学生 AL コーチとして派遣されました。2021 年度には、大学コンソーシアムひょうご神戸主催の「産学連携による『全員発揮型のリーダーシップ』研修」に学生 AL コーチを派遣し、本学学生が社会人のリーダーシップ開発を支援する取り組みを行っています。

3) リーダーシップ・キャラバン

　早稲田大学、名古屋大学など、全国の大学からリーダーシップ科目の受講生や上級生が集まり、企業などの課題解決を行いながらリーダーシップを育成する、短期集中型のプログラムです。大学混成のチームに協賛企業から若手社員がメンターとして割り当てられ、各大学で身につけたリーダーシップが学外でも通用するか、腕試しをする場となっています。

6. 情報公開

　リーダーシップ教育の授業は、前後のミーティングも含めて、学内外からの見学者を歓迎しています。授業のスケジュールや問い合わせ方法については、授業の Facebook ページをご参照ください。

（https://www.facebook.com/ls.kwu）

【参考文献】

中原淳・高橋俊之・舘野泰一（2018）『リーダーシップ教育のフロンティア【実践編】：高校生・大学生・社会人を成長させる「全員発揮のリーダーシップ」』北大路書房

成田秀夫（2014）「エビデンスに基づいた大学教育の再構築に向けて──ジェネリックスキルを含めた学修成果の多元的評価」『情報知識学会誌』（Vo. 24、No. 4）、情報知識学会

日向野幹也（2018）『高校生からのリーダーシップ入門』ちくまプリマー新書

6　キャリア支援体制

前川 幸子

> 苦しくてもつらくても自分の気持ちを立て直し、そのたびに勇気と価値観が
> 試される。それは自分自身を深く知るプロセスである。
>
> Brene Brown

1. 就職活動を通じた学生の自己再発見に伴走する
　キャリアセンター

　人生において「就職活動」は、社会へと旅立つためのひとつの関門です。新卒採用者を求めている企業が約 10 万社といわれる中で、学生はどのように希望する会社と出会い、また採用されるために如何に努力をすればよいのでしょうか。また就職試験は、能力試験（言語系・非言語試験）や適性検査のみならず、面接試験では学生のこれまでのヒストリーをも含み込んだ内容へと言及されます。学生にとって就職試験は、知識を問われるのではなく「わたし自身」が試される経験といえるでしょう。そのため学生は、就職活動を通して自己と対峙せざるを得ず、時に傷つきながら自分の弱さを受け止め、立て直すことで自己を社会へと向かわせます。キャリアセンターでは、そのような学生の伴走をしつつ、導きながら支援を行っています。

　本稿では、具体的なキャリア支援の内容と、その支援を受けた卒業生の経験をもとに、キャリアセンターにおける「未来の実践力を育む」ための内実を明るみにしていくことにします。

2. 大学と社会の架け橋として

　キャリアセンターの目的は、建学の理念を礎に社会で活躍する高い志を持つ女性の輩出を目指して、学生ひとりひとりが希望する就職支援を行うことです。対象となるのは 5 学部 11 学科に在籍する学生で、その支援は多岐に

及びます。約7割の学生は一般企業への就職希望であり、約3割の学生は資格を前提とした就職を希望しています。資格の内訳を見ると、①医療系：看護師、助産師、保健師、理学療法士、管理栄養士、②教育系：小学校・幼稚園教諭・保育士、養護教諭、③公務員系：行政職・公安職、行政保健師（市町村・都道府県保健所）です。例年、本学の実就職率（実就職率〔％〕は就職者数÷〔卒業（修了）者数－大学院進学者数〕×100で算出）は90％を超えており（2020年3月卒業：94％）全国の大学の中でもトップクラスに位置しています。それに並行して、学生の進路満足度も、95％以上（2020年3月卒業：96％）と高値を維持しています。

　本学の就職状況を遡っていくと、実就職率が90％以上になったのは社会がリーマンショックから回復の兆しが見え始め、女性の活躍推進が期待された2015年以降でした。また近年の卒業生による職業意識の調査では約75％の学生が、結婚・出産・育児・親の介護といったライフイベントにおいても、仕事を継続していく意向があることがわかりました。学生は、就職（正規雇用）という形での社会参画を望み、職業継続に向けたキャリアの志向性が見て取れました。

　そして今、学生たちは、新型コロナウイルスに見舞われた現代社会へと果敢に踏み出そうとしています。

3. 新型コロナウイルスがもたらしたニューノーマルな支援

　新型コロナウイルスは、これまで当然視していた人と人とのコミュニケーションの形を変え、社会活動の基盤となる日常生活をはじめ経済産業活動、教育医療現場にイノベーションを迫りました。本学においても登学が禁止となり、学生への直接的な就職支援が不可能になりました。新学期を迎えた4月は、4年生にとって就職活動が加速する時期です。そこでキャリアセンターは、デジタルを用いた支援方法へとその方向性を転換させました。即席ではありましたがセンター内にスタジオを作り、オンラインを用いたLive講義を配信しました。見逃した学生へのフォローとして、期間限定でYouTube配信を行い、それを契機に個別的なフォローとして対面での面談からZoom面談、あるいは電話相談へと移行させました。学生からは「自

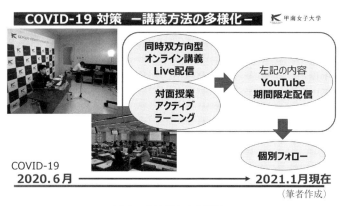

図1　オリジナルな講義

宅でも受講できるので参加し易くなった」「後日配信があるので、学ぶ機会が広がった」「自分のスケジュールに合わせて取り組める」など肯定的な意見が多く見られました。

　導入して1年経過した現在に目を移せば、学生は、会社訪問の合間にモバイルPCを開き、Zoomを利用してキャリアセンターの課員と相談を始めています。学生は、その都度の問題をタイムリーに解決するという、新たな就職活動のスタイルを生み出しました。デジタライゼーションを取り入れたハイブリッド型の就職活動支援は、Z世代（1990年代中頃から2000年代前半に生まれた世代）の学生にとって浸透しやすく、既存の就職活動を内破して発展形を生み出す力を発揮しました。

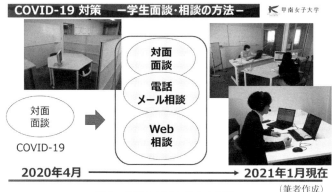

図2　柔軟な対応と新たな試み

　新型コロナウイルスという緊急事態は、学生とキャリアセンターの物理的な距離を遠ざけました。その危機的状況が、非接触的な空間と接触的な実空間のシームレスな連携というニューノーマルな支援様式を打ち立てることへと功を奏しました。そしてその戦略は、今なお更新し続けています。

4. 就職支援の具体的な方法

　キャリアセンターの就職支援の中核は、主に次の3点から成り立っています。

1）学年に応じた段階的なキャリア教育

　学年の特徴を踏まえて段階的に実施している「キャリアガイダンス」では、就職に関する情報提供や就職活動の内容を伝えるだけでなく、卒業後のキャリア発達も視野に入れた内容です。また、就職に必要な知識やキャリアに関する情報を掲載している「キャリア通信」は、各学科のコモンルームに配置して学生の目に留まるようにしています。その他、就職活動の時期を見据えた「筆記試験（SPI）対策講座」「書類（履歴書）対策講座」「実践対策講座」など、年間約850回以上の講座・セミナー等を開催しています。

2）個別的な就職支援の対応

　書類添削、就職相談、面接練習を含む「個別面談」、そしてセンターに隣接する「キャリアコモンズ」における昨年の就職に関する質問・相談件数は、新型コロナウイルスの影響があり3000件 / 年間を上回りました。

3）就職活動を軸にした主体的な学びの場づくり

　学生は、求人検索のウェブシステムだけでは、自分に合った企業の絞り込みができません。そのため、学生が希望する職種・企業に到達できるように、優良企業を水準とした課員による「お薦め企業」を提供しています。また卒業生を招いて学生への進路選択の助言や就職に関する情報提供、意見交流の場を設けています。この活動は、卒業生をメンターとして募り、メンティ（学生）の就職支援をするものですが、その支援を受けたメンティがいずれ

卒業してメンター役割を担うという循環的支援システムとして機能し始めています。その他、ワンランクアップの就職を目指す学生への強化プログラム、また約200社に及ぶ「学内企業セミナー」は、説明会ではなく講義形式をとることで学生は企業の特徴をより知ることができます。本セミナーは、約1カ月間行われています。

　これらは、すべてキャリアセンターが企画・開拓し、講義や面談、企業との関係づくりなど手づくりで行ってきました。そこまで大学職員（課員）が行うのはなぜでしょうか。それは就職活動を、本学の理念を踏まえた学修の一環として捉えているからです。就職活動は、知力と行動力と教養を活かした主体的な実践であり、人生を自ら切り拓く第一歩です。キャリアセンターの就職支援はデジタルシフトをしながらも、その根底には、本学における教育理念に基づく、何にも代え難い課員のマインドが流れているのです。

5. 就職活動の経験——卒業生の声を聴く

　このような就職支援を受けた卒業生たちにとって、就職活動はどのような経験だったのでしょうか。ここでは3名の卒業生の語りを通してみていくことにします。尚、今回ご協力いただいた卒業生の方々には、個人が特定されない形で掲載することを説明し了承を得ました。

1) 自立して考える力

　就職3年目のAさんは「大学生活の半分は就職活動だった。毎日、毎日、準備なり何なり、ずっと就職活動のことをして頑張った、すごい濃厚な日々」と語り、また就職12年目のCさんは「就職活動は社会への準備期間。大学生から社会人として変わっていく段階みたいなもの」と語っています。その就職活動で、印象深かったことについて就職3年目のBさんは「キャリアセンターで（履歴書の指導を受けていた際に、課員が）私の履歴書を見て『この内容やったら、ちょっとまだ薄い』って言われて。『何で？ 何でこう書いたのか、考えたのか、もっと突き詰めないと』って一言だけ。例えばそれが一つ上の先輩だったら『こうするには、もっとこうしたほうがいい』って具体的な答えを返してくるんですけど。でも（課員は）自分で考え

る猶予を与えてくれた。……というか答えを一つ出すんじゃなくって『こういうふうに考えていったら？』っていう、考え方自体も教えていただいた。それは、すごい自分の、多分、履歴書の内容が変わるほどのきっかけになった」と語りました。後日、その担当だった課員に聞くと「当たり前ですけれど、就職試験は学生一人で臨みます。誰も助けることはできません。だから、どのような状況でも自分の力で考えて、答えを出すことが大切なのです。それは社会人になっても、大切な力だと思うんですよ」と話してくれました。つまり「履歴書」の指導は、書き方ではなく、自己分析で発見したこと、それをどのように書類に表現すれば相手（企業）に伝わるのか、言い換えれば自分を理解してもらえるのか、という他者の視線を踏まえた自己表現が求められるということなのでしょう。それを深く考える機会を得たからこそ、Ｂさんは以後の「履歴書の内容が変わるほどのきっかけ」になっていったといえるのではないでしょうか。

2）ヴァルネラビリティ（Vulnerability）という力

　卒業生たちは現在、キャリアを切り拓く主体者として社会で活躍しています。しかし就職活動をしていた頃は、多くの不採用通知書を手にしていました。「3年生になった時、就職活動のことがずっと頭の中にあって不安しかなかった」というＡさんや、「希望の会社に受からなくて、就職活動が思うようにいかない。仲間とカフェで『静かに落ち込む会』っていうのをしていました。静かに『もう、これからどうしようか』って……」というＢさんの言葉からわかるように、就職活動は、なぜ私が採用にならないのか、なぜ自分ではダメなのか、という謂われのない不当な出来事として経験されてしまうことがあります。採否の因果関係が見えにくい中で受け取る不採用通知は、自己認識を歪めかねません。

　このように就職活動は、否応なくその結果を自身に突き付けることになっていきます。なぜ採用にならないのか、言い換えれば、なぜ自分ではダメなのかといった自分の弱さは、両親や友人といった身近な人ほど、「話すことができない」と言われます。弱さは誰もが抱えているものであり、学生にとっても同様です。そして就職試験の結果という出来事により、それまで背景となって見えなかった自分の弱さが、反転して前景化したのです。

　弱さは負の感情を携えるため、自己肯定感を低めます。そのため不採用となった自身を受け止めきれない、承認し難いのです。このような自分を、身近な人たちは応じてくれるのだろうかという自問は、防衛機制を働かせていくことになります。

　Ｃさんが「キャリアセンターは予約なしの飛び込みで行けたので、困った時にはまず行ってみるっていう、駆け込み寺でした」と語るように、就職活動でつまずいた時には、キャリアセンターへと歩を運んでいたことがわかります。そこで就職の目標を共有する人生の先輩・指導者として、残念な結果としての現状を課員と話し合いながら、学生は自らの感情と向き合う構えを整えていきます。サポートを受けて今後の対策が見え始めると、自分の弱さに対する逃避への希求は薄まるようで、それはＡさんの「（課員は）最新の就職情報を知ってらっしゃる。親ももちろん、いろいろ調べてくれてはいましたが、でもそれとは違ったリアルな『今』の就職活動の状況とか、情報とか、どういうものが必要っていうのは、（課員が）すごいご存じだった。そういう面ではほんとに支えられていて、本当に、助けられました」という語りからもわかります。キャリアセンターでは、情緒的なサポートだけではなく、就職活動を乗り切るための戦略を共に考える立場を徹底して学生にとっての「理解者」であり「支援者」、そして「教育的役割」を有しているのです。

　受け入れてもらえないのではないか、という恐れを手放し、本来の自分を見せるということ。恥かしさ、弱さ、失敗の中に自己を封じるのではなくそれを認めて、自身を立て直すこと。本来、自分が大切にしていること（価値観）に立ち戻って、人生を踏み出すということ。これらがヴァルネラビリティ（Vulnerability）——傷つきやすさを恐れるのではなく、それを受け入れることで、喜びや勇気、愛情、創造性を得ることにつながっていく、ということです。つまり学生にとって、真に大切な人とのつながりを培っていくことになるわけですが、その一端を、キャリアセンターが担っているといえるでしょう。

　これまで見てきたように、就職活動という経験は、学生が100人いれば、100通りの経験となります。ではこのような出来事を、キャリアセンターが全て把握し対応しているのか、といえばそうではありません。しかし、人生

の関門に値する就職活動を、学生と共に成功裏に収めるという目標があることで、課員の無意図的なかかわりが、学生にとって意味ある行為として変換されていくことがあるのは想像に難くありません。

6. 就職活動を通した未来の実践力の育成

　女子大学の人気が低迷しているといわれる中で、平均実就職率（2020 年度卒　医学部・歯学部の単科大学を除くすべての大学を対象として調査した実就職率ランキング、大学通信 2020 年）が 88.7％に対し、女子大学は 91.4％と上回っています。これは男女雇用機会均等法施行以前、女子学生の就職が厳しかった就職活動のノウハウと、学生数が少ないからこそ実現できた丁寧な個別指導が就職率を上げる理由といわれています。本学のキャリアセンターも同様に、きめ細やかな支援を行ってきており、ここではその一部をご紹介しました。

　就職活動を通して「未来の実践力」を育むには、学生が自己像・女性像を自覚し、自己主導的に学んでいく力が鍵となります。そのためには自己も他者も、ヴァルネラブルな存在として肯定しあうことによって、しなやかで慈しみに満ちた学修者へと導かれていきます。それは学生が、就職活動という実践的な学びの中で覚知することから始まるのではないでしょうか。さらに、学生が社会に出て幾度となく訪れる苦難に出遭っても、それを学びの機会とし、新たに歩みだせる勇気と価値観を礎にすること。それは学生時代の女子教育で培われる力であると確信します。そのためキャリアセンターは、学生の就職活動を通して、学生「ひとりひとりの声」に「応じる」という責任を第一義とし、社会で活躍できる学生の伴走者であり続けたい、と願っています。

7 女性教育プロジェクト
——女子大学の存在意義への問いかけと対話の軌跡

野崎 志帆・ウォント盛 香織

1. 女性教育プロジェクトとは

　「女性教育プロジェクト」とは、女子大学としての本学の存在意義・ミッションを改めて問い、本学の女性教育についての議論を活性化することを目的に、教職員有志によって立ち上げられたプロジェクトです。2017 年、当時学長補佐（女性教育担当）だった稲垣由子教授（総合子ども学科所属、2018 年度末で定年退職）がプロジェクトの構想を開始し、2018 年度に本学の教育イノベーションプロジェクト（学長主導のもと、本学の更なる発展へ向けて、既存の枠にとらわれない新たな事業や教育改革に取り組むプロジェクトを支援する助成金制度）として申請した「女性教育検討プロジェクト」がその母体です。その後、稲垣教授のプロジェクトの趣旨を引き継ぎながら、2019 年度には野崎を代表に「甲南女子大学の女性教育の今後を考えるプロジェクト」が立ち上げられ、現在もメンバーを広げながら継続しています。「女性教育プロジェクト」はこれらの略称として用いられているものです。

　2018 年度から現在にかけて女性教育プロジェクトがどのような問題意識で開始され、具体的にどのような活動をしているのか、さらに今後の本学の女性教育についていかなる展望を掲げているのか、本稿では紹介していきます。

2. 女子大学でなぜ女性教育を問題とするのか

　女子大学は、女性だけを集めて教育をする場所であるため、そこで行われている教育のすべてが女性教育なのではないか、と思う人もいるかもしれません。しかし、女性を対象に何かを伝えたからといって、自動的にそれが女性教育になるのでしょうか。

　日本の大学を巡る状況は、昨今一変しています。国内においては、18 歳

人口の急激な減少が始まっており、国際的には、さらなる DX（デジタル・トランスフォーメーション：情報技術の進展によるビジネスの大変革）と引き続くグローバル化の渦中にあります。これまでの大学のあり方では、変化の激しい時代を生き抜く人材育成が不十分であることが、大学関係者の間では認識されています。

　それを受けて、大学は生き残りをかけたサバイバル時代に突入し、多くの大学において、新時代を生き抜く人材育成のための、さまざまな教育改革がなされています。それは甲南女子大学も例外ではありません。女性教育プロジェクトもまた、このような大学の生き残りへの危機意識から生まれたものです。しかし、女子大学が特に向き合うべき危機意識が、共学大学のそれと大きく異なるかもしれないのは、現代社会において女子大学の存在意義が改めて問われている状況があること、また変化の激しい時代において今なお、ジェンダー格差が日本社会で大きな問題として存在し続け、女性が能力を生かす機会が十分とは言えない状況があるという点ではないでしょうか。

　大学の教育改革を行っていく上で、英語や ICT 教育の拡充といった、多様なアプローチがあります。しかし、本学が女子大学であることをやめないのであれば、「本気で女性を応援する大学」であるために女性教育を追究し実現していくことは、生き残りをかけた重要なアプローチの一つです。そこで、まずは学内において女性教育についての議論を活性化するため、女性教育プロジェクトはこれまで様々な取り組みを行ってきました。

3. 女性教育プロジェクトの取り組み

1) 2018 年度　取り組みのキックオフ

　正式にプロジェクトが開始される前段階として、「わいわいがやがや会議」という集まりが開催され、女性教育プロジェクトの今後の進め方や、リーダーシップ教育、リカレント教育（社会に出た後、時代変化に応じて改めて大学等で教育機会を受けること）、日本の女子大学の教員や人事のジェンダーバランスに関する情報提供、近隣女子大学の状況等についての話し合いや、女性教育に関する論文の共有などが行われました。この時点では、メンバー間の情報共有や、意見交換が主な目的でした。同年度 4 月になってプロジェ

クトが正式にスタートすると、意見交換や他の女子大学における女性教育の実情調査の継続に加え、女性教育を本学で実施していく具体的な試みも出てきました。

　その一つが、国立女性教育会館との連携です。詳細は本書Ⅰの3「図書館における女性教育の展開」で説明されているのでそちらに譲りますが、国立女性教育会館では、女性に関する書籍のパッケージ貸し出しサービスを行っており、そのサービスを本学で利用することでした。二つ目は、多文化コミュニケーション学科で、専任教員の専門科目の講義科目に、最低一回は、授業の中心となるテーマに女性／女性性に関する内容を置き、それをシラバスに明記することで、女性教育を可視化する「女性教育カリキュラムプロジェクト」というものでした（本書Ⅰの2「女性教育カリキュラムの意義と可能性」を参照のこと）。

　2018年度は、このように具体的な女性教育の試みが始動する一方で、11月に行われた最後のわいわいがやがや会議で、女性教育について研究発表された髙橋真央准教授（多文化コミュニケーション学科）は、今後の女子大学の取り組むべき課題として、時代を牽引していく女子大学となっていけるのか、誰のニーズに合わせた女子大学を目指していくのか、という根源的な問いを発しました。誰のための、何のための女子大学なのか、という問いへの取り組みは、2019年度の女性教育プロジェクトに継続されます。

2）2019年度　女性教育の議論の活性化

　2019年度は野崎が女性教育プロジェクトの代表となり、本学の多様な学部学科の教員、さまざまな部門に所属する職員に共同者を拡げ、計22名の大規模なプロジェクトになりました。2019年度の女性教育プロジェクトの取り組みは、前年度多文化コミュニケーション学科で始まった女性教育カリキュラムプロジェクトの試みを可能な限り他学科や非常勤講師にも広げ、その意義、効果、課題について議論を深めること、本学の女性教育を検討する定例会合を開催し、教職員による情報交換、意見交換を行うこと、女性教育に関するシンポジウムを開催すること、ニュースレターの発行などによる情報発信、本学における女性教育の展開に寄与する情報収集の継続等でした。何より、2019年度の女性教育プロジェクトの大きな特色は、本学の女

性教育を検討する際の基本理念として、「本気で女性を応援する教育」を掲げ、学生にとってエンパワメントとなる教育とは何かを教職員自身がそれぞれ考え、学生の成長に寄与することを謳った点です。

　教職員間での女性教育に関する情報・意見交換のための定例会合として、「本学の女性教育を考える会議」を 2019 年度から開催しました。年間計 4 回開催し、女子大学の置かれている状況、存在意義、女性教育研究センター（仮称）の構想、今後の女性教育の取り組みについて学部学科部門を越えて教職員間で意見交換を行いました。また、うち 2 回は女性教育カリキュラムにおける課題などについて議論を深めました。最終回では初めて学生 6 名（3 年生）を交えて意見交換を行い、学生の目線から見た本学の女性教育について意見を聞く機会を得ました。参加学生からは、全学の共通教育科目「女性とジェンダー科目群」について、「女性が社会で活躍することができるようになるにはとても良い役割をしてくれると思う。しかし今のままの大人数の授業ではなく、一人一人意見を共有することが重要。男性の意見や社会人の意見を聞くことも学生には良い機会になると思う」、「意見交換会に参加して女子大だからこそ学べる授業、雰囲気、環境があると思った」といった率直な声が上がりました。

　情報提供の媒体として、2019 年度はニュースレター『これからの〈女性教育〉の話をしよう』の発行もスタートしました。第一号では、「なぜ私たちはわざわざ女性だけを集めて教育するのか」という問いから始まり、本学の女性教育の取り組みや教員のリレーエッセーなどが紹介されました。第二号では、2018 年度に髙橋真央准教授の発した、女子大学は誰のニーズに応じるのかという問いに対して、女性が主体的に、安心して自信をもって、自由に生きられるような教育を提供すること、その結果として社会経済的自立を果たせるようになることが、女子大学が応じるべきニーズではないかという野崎の論を展開しました（ニュースレターは本学図書館オリジナルサイトの「学術情報リポジトリ」の「その

図 1　ニュースレター『これからの〈女性教育〉の話をしよう』 Vol.1（2019 年発行）

他」よりダウンロードできます）。このように、継続的に女性教育充実のための問いを立て、それに答える試みを行い、共有するという作業を行いました。

　2019年度は、学内者対象の講演会「女性のライフコースと仕事──女子大学が果たすべき役割」の開催で締めくくりました。講師に日本女子大学現代女性キャリア研究所所長である大沢真知子教授をお招きし、計86名の教職員と学生が参加しました。講演会では、現在の女性の労働環境の課題と女子大学ができることについての議論がもたれました。これまでの会議ではほとんど参加が見られなかった男性職員の参加が多くあったことは、特筆すべきことかもしれません。講演会後のアンケートでは、以下のような意見が挙がりました。「女性の役割を限定的に見てしまっている自分に気付かされた」、「男性が既得権益を守るために女性の社会進出がうまくいっていないことや、好意的性差別のことなど、色々と考えさせられた」、「女子大学で男性という立場で働く上で、今後どうあるべきかを考えるきっかけになった」。こうした意見から、講演会は、本気で女性を応援する女子大学に向けた、教職員の問題意識の喚起に少なからずつながったことがわかります。

写真1　2019年度　女性教育講演会

3）2020年度　コロナ禍での議論の深化

　2020年度は、池田太臣教授（文化社会学科）、ウォント盛、前川幸子教授（看護学科）、米田明美教授（日本語日本文化学科）が共同代表となり、職員と全11学科の教員を共同者とする計27名による、さらに大規模なプロジェクトになりました。コロナ禍という特殊状況であったものの、活発に様々な活動を行いました。具体的な取り組みとしては、ニュースレター（第三・四号）の発行、「本学の女性教育を考える会議」の実施（オンライン開催一回）、

高橋真央准教授による女性教育に関連する公開授業等です。

　2020年度の最後の取り組みとして、学内者対象のシンポジウム「本気で女性を応援する女子大学に向けて——甲南女子大学ができることは？」をオンラインと対面による方式で開催しました。このシンポジウムには前年度を大きく上回る142人の参加があり、教職員および学生の関心の高さがうかがえます（動画視聴のみによる参加を含む）。第一部では「女性教育の現場から：甲南女子大学は今、何をしているのか」というタイトルで、野崎から女性教育カリキュラムについて、米田明美教授（前図書館長・日本語日本文化学科）からは図書館における女性教育について、そして前川幸子教授（前キャリアセンター長・看護学科）からキャリア支援について報告がありました。第二部は、第一部の報告への質疑応答という形を取り、本学の女性教育の取り組みについて、議論がなされました（この様子は本書巻末の「シンポジウム報告」に収録されています）。

　シンポジウム後のアンケートでは、学生からは「4年間この甲南女子大学で学んだことや感じたことは教職員の皆様の努力のおかげなのだと改めて納得することができた。2021年からの新たな取り組みに参加できないのは残念ですが、自分が卒業する大学が誇らしいと思い大変嬉しくなりました」といったコメントがありました。教職員からは「様々な角度から本気で女性を応援する女子大学に向けての取り組みがされていることを知っておくことは、各自、各学科が、今後女性教育に取り組んでいく上で重要だと思った」、「プロジェクトにおいての問題意識や考え方を改めて整理していただき、学内のあらゆる部分で取り組んでいくべきことだと改めて意識をしました」といったコメントとともに、全学の事項として組織的に取り組んでいくことや、大学としての一貫したビジョンを掲げることを求める意見が上がりました。

　本学が、本気で女性を応援する大学であるよう、教育や学生サービスを充実することで、在学生だけでなく卒業生にとっても誇りとなる大学でありたいという思いを改めて強めることになりました。

4. プロジェクトから「全学の取り組み」をめざして

　2021年度は教育イノベーションプロジェクトの募集自体がなくなってし

まいましたが、女性教育プロジェクト（代表：中野加都子教授、副代表：ウォント盛）の活動は今も継続しています。この三年間の取り組みの中で、本学の女子大学としての存在意義や女性教育についての問題意識の裾野が教職員の間に広がってきていること、「本気で女性を応援する女子大学」を打ち出していくことに共感が寄せられているという手応えを感じています。これは、本学の強みになると考えています。そして、ここへきてようやく、これまでのプロジェクトでの議論の実績を踏まえ、女子大学の存在意義を探求する、全学的な取り組みへとシフトする動きも出てきています。

　2019 年度の女性教育プロジェクト代表の野崎は、当時女性教育担当の学長補佐もしていたことから、女性教育を安定して継続的に推進するための、女性教育研究センター（仮称）の設置を森田勝昭学長に提案しました。こうした機関ができることで、本学の女子大学としての存在意義を体外的に示すと同時に、女性教育プロジェクトが行ってきたことや議論してきたことを、本学独自の女性教育の取り組みとして、全学的に、組織的に推進していくことができます。この構想については 2020 年度のシンポジウムでも言及があり、参加者からは「在校生・卒業生ともに、生涯にわたって頼れる『女性教育研究所』を是非作ってほしい」といった意見もありました。

　女性教育プロジェクトでは議論の際に、広義の女性教育を、（1）カリキュラムを通じて、女性の一生を応援する学びを提供すること、（2）女性を支援する学生生活サポートを提供すること、そして（3）変化の大きい女性の生涯に対応したキャリア支援を行う、という三点で示してきました。このような広義の女性教育は、大学の授業内外で、そして卒業後も見据えた女性支援を継続的に行うこととして捉えています。こうした視点を大学の教育や学生サービスに行き渡らせてこそ、その効果が現れるのであり、女子大学の存在意義、女性教育の実践が明確になると言えるでしょう。まさに前述の女性教育研究センター（仮称）構想は、それを実現するための拠点となるものです。女子大学としての存在意義が本学においても明確な形として現れることを願いながら、私たちの挑戦はこれからも続いていきます。

Ⅱ

各学問領域における女性教育

（甲南女子大学広報課提供）

キャンパス中庭に立つ女性像

（新谷英子作。昭和 59 年度卒業生寄贈、台座には
「想」の文字が刻まれている）

〈女性教育と人文科学〉

甲南女子大学の人文科学とは

　人文科学は、人間の諸活動を多角的かつ批判的に考える力を養う科目群です。こうした科目を学ぶことで、私たちは、自分について、他者について、社会について深く知り、豊かに生きる力を育むことができます。

　ここでは文学、教育学、メディア研究、歴史学といった学問領域と、女性教育のかかわりについて紹介します。文学は、今から千年前に生きた日本人女性の思いや、アメリカに生きる女性の直面する様々な問題を、時代や国境を越えて、私たちに教えてくれます。写真やマンガといったメディアのクリエイターたちは、私たちのジェンダーにまつわる固定観念を揺るがし、生き方の多様性を示してくれます。日本語教育を学ぶことは単に言葉を教えるスキルを得るだけでなく、女性問題を含む他国の文化を知り、同時に日本のジェンダー問題を含むマイノリティ問題についても気づかされる、といったように、多層な経験を学習者にもたらします。歴史学では、北米で生きるマイノリティ女性の過去から現在を振り返ることで、抑圧されてきたはずの女性たちの弱さではなく、その抑圧をはねのける強さを知ることができます。

　このように、人文科学の学びとは、時代や国境の制約を超えて、人の生き方の複雑さを学ぶことであり、それは現代に生きる私たちにさまざまな気づきと生きる勇気、そして知恵を与えてくれるのです。

1 日本古典文学の中の女性

──『無名草子』作者の叫び：「女ばかり口惜しきものなし」

米田 明美

「日本古典文学を学ぶ」──特に平安・鎌倉期の文学作品とすると、誰も思い浮かべる作品は、『竹取物語』『源氏物語』……などの物語でしょうか。それらから、平安貴族たちの艶やかな十二単姿や寝殿造りの奥で女房達に 傅_{かしず}かれている姫君、そしてその姫君たちと恋絵巻を繰り広げる貴公子たち……でしょうか。当時の女性たちは、何の疑問も不満もなく貴公子たちに「選ばれる」ために、和歌を学び、音楽を奏で、美人の条件である髪を伸ばしていたのでしょうか。

中学・高校の古典の教科書に選ばれる場面というのは、おのずから限定されていて、女性たちが今でいう「ジェンダー不平等」に関して訴えている箇所は、まず取り上げられません。私は今授業で「教科書には絶対取り上げられない、女性たちの本音」の部分を紹介し、当時の女性（男性）たちが何を考えていたかを、90分×2コマの授業で1作品ずつを取り上げ解説鑑賞しています。女子大学の学生だからこそ読んでおくべきではないか──というのがその狙いです。

1.『無名草子』について

『無名草子』は、教科書や入試問題でもしばしば取り上げられている作品です。名前がない──つまり書名が付けられていなかったことから「無名」というわけで、「名前のない本」つまり『無名草子』と称されています。成立は内容から1200年ころ（鎌倉初期）で、作者は伝わっていないので明確にはわかりませんが、記述をはじめ様々な角度からの検証で、歌人藤原俊成の孫「俊成卿女（しゅんぜいきょうのむすめ）」とされています。当時女性の名前は、天皇の后か天皇の乳母ぐらいしか本名が伝わりません。俊成の孫ですが、父親の兄が起こした事件（鹿ケ谷事件_{ししがたに}）に父親が連座し失脚したので、

母の実家である俊成のもとで育てられ、俊成卿女と呼ばれています。『無名草子』は、物語評論集というジャンルに分類され、彼女が読んだ当時存在した膨大な文学作品を、問答形式で評しています。

2.「女ばかり口惜しきものなし」

『無名草子』の中に、
「あはれ、折につけて、三位入道のやうなる身にて、集を撰びはべらばや」
（訳）「ああ、機会を得て、三位入道のような身になって、歌集を撰びたいものですね」
という箇所があります。三位入道は藤原俊成のことで、勅撰和歌集『千載和歌集』の撰者でした。つまり作者は、自分も勅撰和歌集の撰者になって、自由に秀歌を撰んでみたいと望んでいるのです。その後「『千載集』こそは、その人のしわざなれば、いと心にくくはべるを、あまりに人にところを置かるるにや、さしもおぼえぬ歌どもこそ、あまた入りてはべるめれ」と、「ところを置く」は遠慮するという意味で、「さしもおぼえぬ歌ども（それほどとも思えない歌々）」が、「数多く入っている」と述べています。撰者である俊成は、数多くの和歌の中から秀歌を撰ばなければならないはずですが、貴族としては中流に属していて、社会的に地位の高い人やその人の名声に遠慮し、どうしても「忖度」しなければならない立場なのでしょう、つまらない歌を多数収めている──と作者は断じています。そしてその後、
「主の、ところにはばかり、人のほどに片去る歌どもにはかき混ぜず撰り出でたらば、いかにいみじくはべらむ。
　いでや、いみじけれども、女ばかり口惜しきものなし。昔より色を好み、道を習ふ輩多かれども、女の、いまだ集など撰ぶことなきこそ、いと口惜しけれ」
（訳）「（勅撰和歌集の）撰者が、地位に気がねをしたり、身分に遠慮をしたりしなくてはならない歌々とは一緒にせずに（秀歌を）撰びだしたならば、どんなにかすばらしいことでしょう。
　それにしても、確かにそれもすばらしいけれど、女ほど残念なものはありません。昔から情趣を好み、芸道を習う人々は多いのですが、女で、まだ歌

集などを撰ぶことがないのは、たいそう残念です」

　「主（あるじ）」は撰者のこと。撰者として何の気がねもなく秀歌を撰び出すことができればどんなにすばらしいことか。そして「女ほど口惜しきものなし」と、女に生まれたばかりに歌集の撰者にもなることができないことは残念であると訴えています。そればかりかその後、勅撰和歌集に歌が撰ばれるのは、

「あやしの腰折れ一つ詠みて、集に入ることなどだに女はいとかたかめり」

　（訳）「つまらぬ腰折れ一首を読んで、歌集に歌が入ることなどさえ女はたいそうむつかしいことのようです」

　「つまらぬ腰折れ」というのは、「腰」は和歌の第三句のことで、その三句目が整っていないという歌――つまり「下手な和歌」という意味で、作者自身自ら詠んだ歌を卑下して述べています。私の詠む下手な歌は、「女」というだけで歌集の中に選んでもらえないと、女の置かれている境遇の低さを訴えているのです。

3.『無名草子』作者の背景

　作者と想定されている俊成卿女の母は、『小倉百人一首』を撰んだとされる藤原定家の同腹の姉なので、定家の姪にあたります。母は八条院三条と呼ばれる女房でした。俊成卿女は定家と同時代の歌詠みなので、残念ながら『小倉百人一首』に歌は選ばれていませんが、歌人としては名高く、『新古今和歌集』以下の勅撰和歌集に116首収められ、また後鳥羽院に仕えた宮廷女房であった女性です。

　『無名草子』に評されている内容から、『源氏物語』をはじめ当時存在した23の物語を読み、さらに『万葉集』『古今和歌集』などの歌集を鑑賞でき、10人以上の女性論まで論じている作者を生み出したものは、その環境の成すものであろうと考察できます。というより作者を推定する根拠となっています。平安鎌倉時代は図書館など存在せず、もちろん印刷技術も確立していません。書籍を読むにはそれを持っている人から借りるしかありませんでした。まして愛読書として手元に置いておきたいとするならば、その本を自らの手で書写するしか術はありません。『更級日記』の作者が、都から遠い常

陸の国で『源氏物語』の存在を知り、都に戻ってから「この源氏の物語、一の巻よりみな見せたまへ」と念じたことはよく知られています。それほど入手困難であった物語や歌集を読みこなせる、つまりいつでも読める環境というのは、勅撰和歌集の撰者であった藤原俊成の家に住んでいたからに他ならないといえるでしょう。俊成、定家親子は、いつ勅撰和歌集の撰者を命じられてもよいように、多数の歌集、物語を書写し家に有していました。今も京都の冷泉家では、それらの書物が御文庫（おぶんこ）として大切に保存されています。また女性論として、歌人だけでなく一条天皇の后である皇后宮（定子）や上東門院（彰子）などに及ぶのも、宮廷に近い場に身を置いたことがある女房ゆえと考えられます。多くの書籍に囲まれ、当時の文化の中枢であった宮廷に出入りしていた作者だからこそ、「ジェンダー不平等」に目が向けられたと言えるでしょう。

4. その他の作品

　平安時代「ジェンダー不平等」を強く感じていた当時の女性は、何といっても紫式部でしょう。『紫式部日記』の記述にある、式部の父が式部の弟（兄とする説もあり）に漢籍を教授していて、弟はなかなか読みとけなかったのに対し、式部は不思議なほど聡かったので、「口惜しう、男子にて持たらぬこそ幸ひなかりけれ」と、この娘が男子であったらと嘆いたことは有名です。男であったら、学問栄達の道もあったろうに、娘として生まれたから「幸ひなかりけれ（幸せがなかった）」と嘆いたというのです。また「一」という漢字でさえ人前では書くこともせず、男性の教養である漢籍を知らないふりをしたことさえもあったとのこと。

　紫式部の手になる『源氏物語』夕霧の巻では、ヒロイン紫の上の心中として「女ばかり、身をもてなすさまもところせう、あはれなるべきものはなし」（訳）「女ほど、身の処し方が窮屈で、痛ましいものはほかにありはしない」という描写があります。その後、

　「もののあはれ、をりをかしきことをも見知らぬさまにひき入り沈みなどすれば、何につけてか、世に経るはえばえしさも、常なき世のつれづれをも慰むべきぞは、おほかたものの心を知らず、言ふかひなき者にならひたらむ

も、生ほしたてけむ親も、いと口惜しかるべきものにはあらずや」

（訳）「しみじみと感に堪える情趣にせよ、まるであずかり知らぬふうにお
となしく引きこもったりしているのだったら、何によってこの世を生きてい
る喜びを味わったり、また無常の世の中の所在なさを慰められたりすること
ができるというのか、おおかた世間の道理のわきまえなく、役に立たぬ人間
となってしまうのでは、せっかく一人前に育てあげた親にとってもさぞ不本
意なことではあるまいか」

と「女」というだけで、屋敷の奥深くでしみじみとした季節の移ろいや世間
のことを何も知らずに生きていくのは、一人前に育て上げた親も不本意な思
いをしているであろうと、男性並みの知識教養を身に付けたにもかかわらず、
それを口にすら出せない式部自身の不満が、『源氏物語』の紫の上の口を借
り、読者に訴えた箇所と言えましょう。

　この他『源氏物語』より少し時代は下り、平安時代末期になると『とりか
へばや』物語が登場します。生まれつきわんぱくな姫君と、とても引っ込み
思案で御簾の中からも出ようとしない若君を持つ父権中納言が、この２人を
「とりかへばや（子供たちの男女をとりかえたい）」と嘆くことから始まる物
語です。この２人は、性を逆転したまま若君は女房として東宮（この物語で
は女性）」に仕え、姫君は元服し、男性の姿で三位中将として昇進し政治を
執り行います。つまり女性であっても、男性同等に宮廷の公務をこなすこと
ができたのだと解釈できます。現在ならセクシュアリティとしてどう考える
かなど種々問題を含むでしょうが、1000 年前となると作者の込めた思いは
異なってくるでしょう。なお『無名草子』によると、この『とりかへばや』
物語には『(古) とりかへばや』と称されるネタ本があったとされ、当時人
気があったようです。

5. 女性たちの訴えを今につなぐ

　以上のように古典文学作品を読み解くと、教科書にこそ取り上げられない
ものの、世の中の「ジェンダー不平等」を意識し、作品の中で訴えている女
性も実はいたという事実です。当時のすべての女性が、何も疑問も持たずあ
りのままを受け入れていたのではないのです。

　『とりかへばや』物語は作者不明でその性別さえ分かっていませんが、作者の視点が姫君（大将）に寄り添っていることから、近年は女性であろうという説が主流になっています。

　俊成卿女も紫式部も、中流貴族の娘ですが、学者の家庭で育ち教育環境という面では恵まれていました。図書館のない時代、多数の蔵書を有し自由に手に取ることのできた家に育ったことも影響したでしょう。加えて2人とも宮廷女房、今でいうキャリアウーマンでしたので広い視野と知見を身に付けることができました。多くの女性にそういう環境が与えられれば、女性の作品もさらに量産されたでしょうし、社会の矛盾を訴える女性も増えたでしょう。そして何より彼女たちの「訴え」が、世の中に認知されることもあったでしょう。

　以上の作品箇所は、教科書ではほとんど取り上げられません。中学・高校の教科書は、共学校での利用を前提にして作成されています。平安鎌倉時代の女性たちの中にも、当時の世の中に「生き難さ」を感じていた人がいたことは、「女子大学で学ぶ」私たちこそ学んでおく必要があるのではないでしょうか。1000年前の女性たちの「魂の叫び」を知り、今後に活かすべきでしょう。

【参考文献】
　阿部秋生・秋山虔・今井源衛・鈴木日出男校注・訳（1996）『源氏物語④』（新編日本古典文学全集）小学館
　樋口芳麻呂・久保木哲夫校注・訳（1999）『松浦宮物語・無名草子』（新編日本古典文学全集）小学館

2 日本語教育は日本社会を変える！をめざして

和田 綾子

1. 大学で学ぶこととは──個人的な話

個人的な体験から話をはじめたいと思います。

「おまえ、かわいくない」

部活の先輩（男性）から私に向かって放たれたことばです。大学1年生でした。些細な意見の食い違いだったと思います。「かわいさ」について議論していたわけではないのに、なぜ彼は「おまえ、かわいくない」と言い放ったのでしょうか？　私がもし男だったとしても同じ表現が選択されたでしょうか？

「かわいくなくて、結構！」

とっさに言い返したのですが、驚いてグッとことばに詰まった先輩の顔を見て、「かわいくない」と言えば女は黙ると思っているのだということに気づきました。これは個人の志向として「かわいくありたい」かどうかなどとはまた別の次元の問題です。「かわいい」という価値が私たちの行動を規制し、コントロールする力を持って人間関係や社会の中に組み込まれている。私はその構造について、説明することばをまだ持っていませんでした。ことばを持たないが故に、モヤモヤとした説明できない居心地の悪さを抱えたままでした。

その後、ゼミの指導教官に薦められて『家父長制と資本制──マルクス主義フェミニズムの地平』という本を読みました。冒頭で紹介した出来事のほかにも、日常的にさまざまな違和感を抱えていた私が、そのモヤモヤをことばで説明し、整理し、分析する手段に出会った瞬間でした。「大学で学ぶ」とは、ことばを獲得すること、自分の中にある、まだことばにできない「モヤモヤ」について説明する手段を得ることであり、「あ、私のこの気持ちの悪さ、違和感、居心地の悪さの原因はこういうことだったのか」と目から鱗が落ちるような体験をすることなのだと思いました。ブラジルの教育思想

家パウロ・フレイレは『被抑圧者の教育学』の中で「被抑圧者はその状況に『浸りきって』いるために、自分たちの『生活』を取り巻く『秩序』は抑圧者の都合に合うようにつくられていることをはっきりと見極められない」と言い、被抑圧者が「自らに内なる抑圧者を『すまわせて』」いるため、自分の仲間たちに「水平な暴力」を向けてしまったりすると言っていますが、自分自身がそのような構造に絡めとられていることを意識化し、語ることばを持つ状態に自分をエンパワメントすることが、大学の学びなのだと、いま、ふり返って思います。

2. 日本語教育とは

　ところで、私の専門分野は「日本語教育学」です。「日本語教育学」は、日本語が母語（成長過程で自然に身につけてきた言語）ではない人に「日本語」を教えるために必要なすべてを学ぶ分野です。仕事をはじめたころは日本語を教育すること（＝学習者に日本語を教えること）がこの仕事の中核だと思っていました。学習者が日本語力を獲得できるように、教材や授業を工夫し、実践する過程には多くの発見があり、楽しいものでした。それは今も変わりません。

　しかし、ある時期から、日本語学習者に日本語を教えるだけではなく、「日本語教育」を学ぶ日本の学生、さらには「日本語教育」に関心がない人々にアプローチすることが、むしろ「日本語教育」に携わる人間の大事な役割の一つなのではないかと思うようになりました。日本語学習者に対してだけ日本語や日本社会への理解を求めるのはおかしいのではないか、日本社会の側にも学習者ひとりひとりに近づき、その背景を理解してほしい！　と求めることが、日本語学習者に対するエンパワメントでもあると思うようになったのです。

　そこで、本稿ではまず、甲南女子大学の留学生の授業を紹介し、日本語学習者に紙面の上で近づいてもらいつつ、日本社会の構成員としてみなさんに考えてほしいことについてお話ししてみたいと思います。

3. 日本語学習者は日本の何に興味を持っている、と日本の人が 思っているか

　まず、日本語学習者について具体的にイメージを持っていただくために、ある調査を紹介します。日本語教育では、学習者の学習目的を分析し、教材や教育に生かすために学習者の調査をすることがあります。大規模に行われる調査として、国際交流基金が３年ごとに実施する『海外日本語教育機関調査』があり、世界中の日本語教育が行われている地域を調査した結果がまとめられているのですが、その調査項目に「日本語に興味を持ったきっかけ」という質問があります。みなさんはどういう回答が多いと予想しますか？

　2018年度調査で、学習者の学習目的・理由として最も回答が多かったのは「マンガ・アニメ・Ｊ－ＰＯＰ・ファッション等への興味」（66.0%）、二番目に多いのは「日本語そのものへの興味」（61.4%）、三番目は「歴史・文学・芸術等への関心」（52.4%）でした。地域や教育段階によって異なりがあり、教育段階が上がると「日本語そのものへの興味」が最も多い回答になりますが、みなさんの予想どおりの結果だったでしょうか。

　日本のアニメやマンガなどが世界中で人気があることは、みなさんもニュースなどで聞いたことがあるでしょう。しかし、この調査結果を見るときには気を付けなければならないことがあります。選択肢が与えられているという点です。選択肢によって回答が誘導され、限定される可能性があるということ、そして選択肢には調査をする側（日本）の「海外の人には日本のこういうところに興味を持ってほしい」という願望や先入観が反映されている可能性があるということも考慮に入れる必要があります。もちろん、この結果もある一面を示してはいます。しかし、もっと多面的に、そして学習者ひとりひとりに近づいて知ろうとすると、違う面が見えてきます。

4. 日本語学習者とともに学ぶ──複眼的視点を得る

　実際に日本語学習者と接している実感としては、彼らの日本語を学ぶ動機や日本に対する関心はもっと多面的で、多様です。もちろん先に紹介した調

査が示すように、日本のマンガ・アニメ作品に詳しい留学生もいますが、あまり興味がないという留学生にも出会います。そして、どんなテーマで日本語を学びたいかと質問すると女性の留学生は必ず「ジェンダー」についてと言います。

　そこで、学習者のニーズに応えるべく、甲南女子大学の留学生向けの授業では、「あなたは“女子”ですか“女性”ですか？　何が違うと思いますか？」「女子力が高いとはどういうことだと思いますか？　男子力という言い方はありますか？」「女子大学のイメージは？　あなたの国ではどうでしょう」などの問いを切り口とし、新聞などの記事を読解教材化して授業を行うこともあります。ここでは、「女子大」について考えるという主題で実施した2006年と2018年の授業で印象的だった学習者の意見を紹介します。

　まず一つ目は、2006年の「消える女子大　5年で1割共学化　受験生離れが影響（『朝日新聞』2004年10月14日）」を教材化した授業です。この授業のゴールは日本語で意見文を書くことでした。フランスと韓国からの留学生がこの授業を取っていました。女子大に懐疑的な意見を持っている留学生が多いのではないかと予想していたのですが、韓国の学生は違う視点を持っていました。その交換留学生Hさんの意見文の一部を紹介します。

　まず、Hさんはこのように書き始めます。「兄は私に言う。女子大学に入ったことから間違いだと。女子大学に入ると、社会性が欠如し、世界を見る視野が狭くなるのだと」。彼女は個人的な体験をスタートラインにしつつ、それが単純な個人の問題ではなく、社会がそう発言させ、社会がそう思わせているのだと主張します。「このような話は単純な個人の話ではない。女子大学の数が減少してきているが、男女平等がかなっており、女子大学が存在する理由はないという話まで出ている。果たして女子大学の存在は不必要なのだろうか」。Hさんはこのあと、どのような主張をしたと思いますか。

　「法律や規則のような見た目は男女平等になっているのだが、文化や価値観のような中身はまだまだの状況だ」「現在の共学大学において女性は思わず男性のうしろに立ち、自然に受動的になる。韓国の場合は特にそうだ」「政治家の男女割合がその一つの例である。最近やっと初めての女性首相が出たくらいなのだから」「その根本的な問題から解決するため、女子大学は必要なのだ」「社会に進出する女性たちが増え、社会の女性に対する考え方

を変わらせるのだ。そのように中身まで男女平等になるためには、女子大学は大切な鍵なのではないだろうか」

この主張はそれを共有した私たちに複眼的視点を与えてくれました。「複眼的」とは文字どおり様々な立場や視点から物事を捉えることです。日本語教育で出会う学習者の視点は実に多様です。それを取り込んで複数の眼、複数の立場を内面化し、常に「間」に立って学習者と日本とをつなぐことも「日本語教育」的な実践だと思っています。

2018 年の留学生の授業では、女子大のイメージについて考えました。韓国、中国、フランスからの交換留学生がいましたが、韓国の学生たちの話を紹介します。彼らの話は次のようなものでした。

韓国では、女子大学に対しての偏見があり、それは変化しているそうです。例えば、以前は自分たちの大学は「女神大」と呼ばれていたが、今は「フェミ大」（フェミニスト大学の略）と呼ばれていて、「女神大」という呼び名に付与されているイメージは「従順、きれい、やさしい」女子学生の大学というもの、そして「フェミ大」という呼び名には「女子大の学生は気が強い、主張する、はっきり自分の意見を言う（だから、よろしくない）」というイメージが表れているそうです。この自分たちの大学に押し付けられたイメージに対し、彼女らはどういう態度を取っていると思いますか？ 「女神大」というイメージに対しては反発を感じ、揶揄するための呼び名「フェミ大」というイメージに対しては、誇りに思っていると言うのです。頼もしい！と思いませんか。

そんな留学生たちが、いつも口にするのは、日本人の学生とこのような話題について、いっしょに考えたいということです。

2018 年 12 月 8 日の韓国のネットメディア『여성신문（女性新聞）』には、韓国の大手書店教保文庫で 2013 年に 8023 冊に過ぎなかったフェミニズム関連書籍の売り上げ冊数が、2017 年には 6 万 3196 冊と増加したこと、そして 2018 年のベストセラーの一つとして『女ぎらい　ニッポンのミソジニー』（上野 2012）の韓国語訳『여성 혐오를 혐오한다（女性嫌悪を嫌悪する）』が紹介されています。同じ 2018 年には日本でも韓国の小説『82 年生まれ、キム・ジヨン』が翻訳出版され話題になりました。ジェンダーの話題は、国を越えて共有できる話題の一つです。留学生たちと日本の学生がこの話題について

語り合い、お互いの視点を取り込み、複眼的視点を得て、ともに考え、行動する機は熟しつつあると感じています。

5. 頑張るのは日本語学習者だけ？

　このように留学生に日本語の授業をする一方で、日本語教育について日本の学生に教えているうちに、ある違和感を覚えるようになりました。日本にいる日本語が母語ではない人々は留学生やビジネスマンだけではありません。日本社会の構成者として、生活者として多種多様な背景をもった人々が暮らしています。日本語教師は必死になって彼らの日本語力を高め、日本社会に馴染ませようとしがちですが、それだけでは、彼らの日本社会での疎外感はなくなりません。彼らが日本語を学んだり、日本で生活していたりすることの背景に日本が歴史的・経済的にどのように関わってきたかを理解することなく、「日本語ができるかどうか」「どうすれば日本語を上達させられるか」だけを考える日本社会・日本語教育のあり方では、学習者も日本社会もエンパワメントできないのではないでしょうか。

　異なる背景をもつ人々に近づき、多様な視点を取り込み、複眼的視点で「間」に立ち、自分の足元からひろがる社会とつながり、社会を変えていきませんか。日本語教育学はその実践のきっかけになる学びの一つです。

【参考文献】
上野千鶴子（1990）『家父長制と資本制――マルクス主義フェミニズムの地平』岩波書店
上野千鶴子（2010）『女ぎらい　ニッポンのミソジニー』紀伊國屋書店
チョ・ナムジュ（2018）『82年生まれ、キム・ジヨン』斎藤真理子訳、筑摩書房
フレイレ，パウロ（2018）『被抑圧者の教育学――50周年記念版』三砂ちづる訳、亜紀書房
김서현「서점가는 페미니즘 열풍…2018년을 달군 페미니즘 도서는？」『여성신문』2018年12月8日
https://www.womennews.co.kr/news/articleView.html?idxno=182463

3 女性写真家とセルフ・ポートレイト

馬場 伸彦

1. 女性写真家とセルフ・ポートレイト

　カメラを手にした若い女性写真家たちは、みな一様にセルフ・ポートレイト（自分で撮影した肖像写真）に強い関心を寄せてきました。蜷川実花、澤田知子、長島有里枝、ヒロミックスなど、日本を代表する女性の写真家たちは、主題や方法論にセルフ・ポートレイトを出発点として表現活動を開始しています。なぜでしょうか？

　男性写真家には、こうした傾向がほとんど見られません。男性写真家はカメラの向こう側の世界、つまりファインダー越しに見える外側の世界へほとんどの関心が向かっています。戦争や事件の現場、大自然の驚異、都市の風景など、眼差しの対象として選ばれたものは、すべて彼らの外側にあります。男性写真家は、ドキュメント的なスナップ写真であっても、心象的な風景や肖像写真であったとしても、自分の外側にある世界をまるで獲物を捕らえるような態度でカメラを向けます。ときにそれは暴力的ですらあります。写真実践によって男性写真家は自らの身体を不可視化します。

　先に名前を挙げた女性写真家たちは、まったく正反対の態度をとりました。自らを鏡（写真）に映すことで自己の内面を見つめ直し、同時に他者から見られている自己のイメージを再確認しようと試みます。

　男性のつくった枠組みのなかで評価され判断されることの違和感を女性は抱いてきました。また、そうした枠組みに合わせて振る舞ってしまうことに対する自己矛盾をしばしば感じてきました。期待される役割を演じることに、身体が引き裂かれていく感覚は、女性であれば誰もが経験しているはずです。だから女性写真家たちのセルフ・ポートレイト作品には、一方的に見られる対象であったことに対する異議申し立てが含意されています。

　ポートレイトの歴史は、写真が発明された時にまで遡ります。1839年カメラが捉えたイメージを定着させる方法（写真術）をルイ・ジャック・

マンデ・ダゲール（Louis Jacques Mandé Daguerre）がパリ・アカデミーに発表したとき、肖像画にかわる表現として写真によるポートレイトが生まれました。初期のダゲレオタイプ写真によるポートレイトは、油絵の肖像画にくらべて極めて高精細で、まるで鏡のようにディテールが精密に描写されるため、魔術的な雰囲気を漂わせていました。子供が死んだときに親子のポートレイトを撮る習慣があったことも、ダゲレオタイプの写真をいっそう神秘的な印象を与えたのかもしれません。

写真 1

　ランダムハウス大辞典によれば、ポートレイトは「人物とくに顔の肖像」とあります。つまり、ポートレイトの関心は人間の顔にあり、その役割は服装やポーズも含めて顔のあり方を問うものだということです。顔はアイデンティティをあらわす記号として、なくてはならないものです。顔のない肖像画や肖像写真はありません。写真批評家のデイヴィッド・ベイトは、

写真 2

写真 1・2　「写真ワークショップ」セルフ・ポートレイト（学生の作品より）

「ポートレイトは、本来的に描写の技術といえるものによって、われわれのアイデンティティを固定させる。それは、公共空間にあって、法的なアイデンティティを確認するために使われようと（パスポートの顔写真）、私的な生活の中にあろうと（スナップショット、正式のスタジオでのポートレイトなど）、あるいは、別の社会的目的のために存在していようと（例えば、人類学、芸術、社会学、政治的、法的、医学的、制度的などの目的）、ポートレイトが目指すものは“こういう風にあなたは見えているのだ”と言うことである」（ベイト 2010: 133）と述べています。

　ポートレイトは、自らの精密な鏡像であると同時に、社会的アイデンティティを示す視覚的記号です。撮影者と被写体が同じであるセルフ・ポートレイトは、「見せる」と同時に、「見られている」ことであり、顔から読み取られる意味は最終的には見る者の解釈に委ねられます。

　現在でもポートレイトは最も頻繁に行われている写真実践ですが、実際のところ、これほど誤解されているものはありません。事実をありのままに写したドキュメンタリー写真とはちがって、ポートレイトという言葉のルーツがエトルリア語に起源をもつ「ペルソナ」であることからわかるように、ポートレイトには「仮面」といった意味が含まれています。ですから肖像写真に映っているものは、本当はその人の内面ではなく表面であり、仮面なのです。

2. シミュレーションとしてのセルフィー

　セルフ・ポートレイトは、自分を被写体に用いることから、もっとも表現の自由がきいて、写真家の個性があらわれると言われています。しかしスマホで撮ったアマチュアのセルフィー（自撮り）では、加工アプリを利用して目や鼻、顎のラインを整えるのは、当たり前の行為となっていて、個性を出すことよりも、普遍的なかわいい顔のステレオタイプを量産しているのが現状です。表現の自由さが均質さをもたらしているのです。もはや、自分でも誰の顔かわからないような過剰な「盛り」ポートレイトもたくさんあります。画像加工アプリは、安価で、手軽で、ダウンタイムを必要としないデジタル・テクノロジーによる「整形」といえるでしょう。

　セルフィーは、アマチュアの手軽な日常的写真行為のひとつであり、記録あるいは記憶の代理として行われる写真実践です。従来のセルフ・ポートレイトと異なる点は、自撮りがキャビネットの中やシューズボックス、あるいは写真アルバムに保存されていた「家族写真」とはちがって、その多くはFacebookなどのソーシャルメディアに公開することを目的にして撮られているということです。

　その意味においてセルフィーは、個人的な行為というよりも、むしろ社会的な行為であり、コミュニケーション活動としての写真実践と考えられます。

セルフィーは、いっけん自己愛的な表現行為のように思われがちですが、その関心は必ずしも自分にだけ向けられているわけではありません。自撮りの動機を支えているのは、ネットワークの中で擬似的な社会関係を結びたいというコミュニケーションへの欲求です。しかもそれは生身の身体を晒す現実的な経験としてではなく、イメージを媒介とした間接的かつ視覚偏重の関係構築が目論まれているのです。

セルフィーに写されているのは、被写体のありのままの表情ではありません。そこには写された人物の「こうあるべき」「こうありたい」という願望が重ねられています。けれども、この願望は自分勝手に決めているわけではありません。どうやら、誰もが「かわいい」と思える「イメージのお手本」があらかじめ存在しているようです。

セルフィーには「受容されるイメージ」を先回して表現しようとする傾向が顕著にあらわれます。あらかじめ他者が「見たいと思われる画像」「かわいいと思われる顔」へと修正を施して「完璧なイメージ」に仕上げて呈示しているのです。セルフィーは、あるがままの姿ではなく、見る者がそうあって欲しいというイメージを先取りして、それに合わせて自己表現する行為だということができます。

他者による閲覧を前提としたセルフィーの独特な振る舞いは、画像の定型化を促します。画像をアップする者は、「いいね」など、その価値に見合った賛美を得たいがために、必然的に賞賛されやすい画像、また、すでに賞賛されている画像を模倣しようとします。セルフィーやデジタル加工によって成立した「なりたい私」の顔は、私は私であるという自己同一性を不問にします。「盛る」こととは本来の自分の顔である素顔の上に塗色された「もうひとつの顔」なのです。それは自己から乖離した奥行きのない平面といえるでしょう。

3. セルフ・ポートレイトとアイデンティティ

いまや世界的な現代美術家としても知られる澤田知子は、成安造形大学在学中に出された課題をきっかけにしてセルフ・ポートレイトを撮り始めました。彼女のデビュー作である写真集『ID400』は、驚いたことに、駅やスーパー

に設置されている自動証明写真機を「カメラ」の代わりに利用しています。

　四連の証明書写真のフォーマットにあらわれた人物はすべて澤田本人です。彼女は自らの顔に化粧による塗色を施し、服装や髪型に変化をつけることで肖像の印象を操作しました。顔の印象を直接変化させる「表情」や「化粧」は、素顔という起源である顔を覆い隠し、匿名の誰かの「仮面」をつけたような状態をつくりだします。「顔が本質と現象、内面と外面との一致であることに基づいているのであるが、この一致は容易に失われるからである。この一致が失われるとき、顔はもはや顔でなくなり、化粧はもはや化粧であることをやめる。このとき化粧は単に外面を装う手段となり、表情は人を欺くものとなり、顔が単なる外面となることによって人は内面そのものを喪失する」（矢内原 1986:13）と矢内原伊作がいうように、それは表情に対する訓練と化粧に対する「顔作り」が実践される場なのです。

　澤田の『ID400』は、綿密に計画された演出写真であり、類型学的な「顔のカタログ」です。それはスナップ写真のように瞬間を凍結させたようなものとは対極に位置づけられるものです。「仮面的外見について考えたいという思いから制作した」（山内 2008:88）と澤田が述べているように、証明写真機の自動的な描写による澤田のセルフ・ポートレイトは、自己を粉飾するというよりもむしろ自己を消滅させることを目的としています。

　通常、顔はアイデンティティを保証するための記号とみなされます。しかし、髪型と化粧、表情と服装を変えることで写真という鏡面から発見された他者は、澤田の自己同一性を裏切りながら表面へと収斂されます。そのとき澤田の素顔は「見えざるもの」となって肖像写真の背後に沈黙します。澤田の写真は 400 人に変身した「自己」ではありません。それは 400 人分の「仮面」をつけて偽装した匿名の誰かの「自己」なのです。

　澤田の作品は、類型に基づいて抽出されたステレオタイプを意図的に利用したセルフ・ポートレイトです。「見て欲しい自分」という自己を提示しながら、表面の操作＝マニピュレーションによって匿名の他者を再現前化させ、実は「こういう風にあなたは見ているのだ」と問いかけます。

　その結果、澤田のセルフ・ポートレイトは、社会的に規定された女性身体の役割を露呈させるものとなります。それは主観性を映し出す鏡でありながら、モノ化される女性身体に向けられた眼差しの問題を顕現化させます。セ

ルフ・ポートレイトは、観相学的な類縁性を招き寄せると同時にそれを解体し、多義的で複合的な読解へと見る者を誘っていく、いわば「メディア」なのです。

　画家であり文芸批評家の宮迫千鶴は表現における志向性を「男性原理」と「女性原理」という言葉で対置させて、次のよう整理しています。

　　《男性原理》は《世界》に生きるべき意味を付与するが、《女性原理》は《世界》から生きるにふさわしい価値を付与される。
　　《男性原理》は《世界》を異化する自由を持っているが、《女性原理》は《世界》に同化される自由を持っている。
　　《男性原理》はまず「私」といい、次にそれに続く目的語を探し、《女性原理》はまず「私にとって」といい、次にそれを成立させる主語を探す。
　　《男性原理》は最後の答えを思考し、《女性原理》は最初の問いを思考する。（宮迫 1984: 47-48）

　宮迫は、ふたつの原理をどちらか一方に変更することなく共存させることが大切だと主張します。

　女性写真家によるセルフ・ポートレイトは、その実践と結果によって、主体と客体、能動と受動といった性差二元論からの解放を促します。見るものであると同時に見られる対象であるという表現形式によって、支配的な男性原理に揺さぶりをかけます。

【参考文献】
飯沢耕太郎（2010）『「女の子写真」の時代』NTT 出版
澤田知子（2004）『ID400』青幻舎
ベイト, デイヴィッド（2010）『写真のキーコンセプト　現代写真の読み方』犬伏雅一訳、フィルムアート社
宮迫千鶴（1984）『《女性原理》と「写真」』国文社
矢内原伊作（1986）『顔について』みすず書房
山内宏泰（2008）『彼女たち』ぺりかん社

4 マンガが示す多様な生き方のモデル

増田 のぞみ

1. マンガと社会の関係の変化

　マンガというメディアは、現在では世界的に人気のある「日本発のコンテンツ」として注目されています。若い世代のみなさんは、例えば「鬼滅の刃」という作品が小学生から大人まで幅広い年代の読者に読まれ、熱く支持されていることに対して何の疑問も感じないのではないでしょうか。しかし、1960年代には「大学生がマンガを読む」ことはニュースになるほどでした。当時はまだ大学への進学率が3割程度で、社会のエリート層である大学生がマンガを読むなんて……と揶揄されたのです。

　マンガの歴史を振り返ると、ひとコマから数コマ、数ページ程度で展開される子供向けのコマ漫画は大正時代や昭和の戦前期から人気がありましたが、ページ数が多く長編の物語が描かれるストーリーマンガが本格的に発展したのは戦後のことです。その背景には、子供時代から多様なマンガ文化に親しんだ戦後生まれのベビーブーム世代が成長し、青年期を迎えるとともに青年向けのマンガ市場が拡大したことが指摘できます。いわゆる「団塊の世代」の成長に伴って、描き手も読み手も大幅に増え、マンガ市場も大きな広がりを見せました。大学生がマンガを読むことは当たり前になり、マンガは子供が読むためのものというだけではなくなったのです。

　ただし、マンガ文化は社会の中で、手放しで受け入れられてきたわけではありません。1950年代に全国的な広がりを見せた「悪書追放運動」や1990年代の「有害コミック騒動」など、戦後マンガは、青少年の健全な育成に「有害」な「望ましくないもの」と糾弾されてきた歴史を持ちます（竹内 1995）。現在でも「マンガばっかり読んで……」と批判的な目を向けられ、アニメやゲームなどとともに禁止されながら育ったという人も少なくないでしょう。

　とはいえ、マンガと社会との関係は大きく変化しています。とくに2000年代以降、日本で制作されたマンガやアニメなどが海外で評価され、多くの

ファンを持つことが知られるようになると、日本では国を挙げて「クールジャパン」施策が進められるようになりました。小泉元首相が国会で「知的財産立国宣言」を行ったのは 2002 年の出来事でした。

　一方、マンガが研究の対象として広く注目されるようになったのも 2000 年代に入ってからです。日本マンガ学会が設立されたのは 2001 年、京都精華大学にて日本で初めての「マンガ学部」が誕生したのは 2006 年でした。現在では、全国のさまざまな大学でマンガの描き方を学ぶことができますし、マンガを対象とした研究がさまざまな学部・学科で行われています。大学教育とマンガの関係は多様な広がりを見せているのです。

2. 少女マンガというジャンルの黎明期

　アメリカのコミックブックやグラフィックノベル、フランスやベルギーのバンドデシネ、韓国のマンファなど、世界には多様なコミックス文化が存在しますが、日本のマンガ文化の特徴の一つは、女性向けの市場が豊かであることです。日本における女性向けのマンガ市場は、男性向けと比べると発行部数は多くはありませんが、雑誌のタイトル数が多く、幅広い世代の女性作家が活躍しています。

　日本において最初期の女性マンガ家として先駆的な活動をしたのは「サザエさん」で有名な長谷川町子（1920 年生まれ）や「フイチンさん」で知られる上田トシコ（1917 年生まれ）などです。とはいえ、女性マンガ家の数がまだまだ少なかった 1950 年代から 1960 年代にかけて、少女雑誌に掲載されるマンガ作品を描いていたのは多くの場合、男性作家でした。

　少女向けのマンガは、詩や小説と挿絵の組み合わせ、あるいは読者投稿欄などで主に構成されていた少女雑誌のなかで、マンガのページ数が増えていき、やがてマンガを中心に構成される少女マンガ誌へと姿を変えていく過程で、徐々に「少女マンガ」というジャンルとして立ち上がってきました。

　こうした少女マンガの黎明期に活躍し、重要な役割を果たしたのが、わたなべまさこ（1929 年生まれ）、水野英子（1939 年生まれ）、牧美也子（1935 年生まれ）、花村えい子（1929 年生まれ）といった少女時代に戦争を体験した世代の女性マンガ家たちでした。これらの作家は、少女たちの姿を柔らかく憂

いのある美しい線で描き、家具やインテリアにもこだわった外国を舞台にした生活や少女たちのあこがれだったバレエを作品内に登場させ、読者の支持を得ました。マンガのページから飛び出すように大きく描かれる少女の全身像が「スタイル画」として描かれ、誌面をにぎわせたのもこの時期です。少女向けの娯楽が少なく、実生活ではまだまだ貧しかった読者の少女たちにとって、こうした少女マンガ作品がいかに大切なものであったかは想像に難くありません。

　戦争を体験した作家たちにとっても、こうした「あこがれ」の世界を描くことには必然性がありました。少女マンガ黎明期を代表する作家のひとりである牧美也子は、

（出典：水野英子監修／ヤマダトモコ・増田のぞみ・小西優里・想田四編著『「少女マンガを語る会」記録集』）

図1　『「少女マンガを語る会」記録集』表紙

以下のように語っています。「少女時代、戦争の真っ只中だったんです。それで、戦後も殺伐としたところで青春時代を過ごしていますので、心の中にあったあこがれみたいな、そういうものを描きたくなったわけですね」「ですから、後年、母ものであるとか、花だの星だのって言われますけれど、そうではなくて、あの時代を過ごしてきた人間にとって、そういう世界というのはとても心をいやされるというか、あこがれるというか……、そういう世界だったわけです。必然性があったんですね」（水野監修、ヤマダ・増田ほか編著『「少女マンガを語る会」記録集』〔2020〕より）。

　これらの作家は、後年、大人の女性向けに描かれる「レディースコミック」というジャンルを盛り上げ、多くの読者を育てました。戦前に生まれ、少女時代に戦争を体験したこの世代の作家たちは、まさに女性向けマンガの歴史を切り拓いてきたと言えます。こうした作家たちが総じて高齢となって

いくなか、貴重な証言や活動の記録を後世に残し、再評価を行うことが求められています。

3. 女性の自己表現メディアとしてのマンガ

　黎明期に活躍した作家たちの影響を受け、次にデビューしてきたのは戦後生まれの作家たちです。1948 年生まれの里中満智子が描いた「ピアの肖像」が第 1 回講談社新人漫画賞を受賞し、1964 年に高校 2 年生（16 歳）でデビューしたことが話題となり、同世代のマンガ家たちに衝撃を与えました。その後、「ベルサイユのばら」（1972 年）で知られる池田理代子、「風と木の詩」（1976 年）の竹宮恵子、「ガラスの仮面」（1976 年）の美内すずえ、「ポーの一族」（1972 年）の萩尾望都など、戦後生まれの女性作家が続々とデビューし、少女マンガというジャンルを代表する作品を数多く生み出しています。本格的な歴史もの、骨太で壮大なファンタジーや SF、少年同士の親密な関係性を描く少年愛など、描かれる作品のテーマは広く深く進化し、この時期の女性作家たちは既存の社会の価値観を揺さぶるような挑戦的な作品を世に問い続けました。少女マンガというジャンルが社会的にも注目され、男性の評論家などからも高く評価されるようになったのはこの時期です。

　その後も、女性を主な読者ターゲットにした作品群は、数多くの女性作家の手によって幅広い世代に向けて描き続けられてきました。同世代の女性が描き、女性が読み、熱心な読者が作家として育っていくというサイクルが出来上がっているのです。少女マンガは、女性にとっての自己表現メディアとして確立されていると言えます。10 代の作家の活躍が注目される一方で、2020 年には 91 歳のわたなべまさこがアプリで連載を担当するということがニュースになりました。10 代から 90 代まで（！）、幅広い世代の女性作家が現役で活動しています。

　また、女性読者が主なターゲットとなり、女性作家が描く女性向けマンガの一大ジャンルとして、エッセイマンガがあります。恋愛や結婚、子育てや介護など、女性のライフステージに合わせたさまざまなテーマが網羅されており、心身の不調、さまざまなトラブルに巻き込まれた際の解決方法、趣味の世界の深め方など、女性が人生のなかで出会うあらゆる場面がカバーされ

ているのではないかと驚くほどです。

　近年では Twitter などの SNS を通して個人が描いた作品が話題となり、全国的な人気作品が生まれることも珍しくありません。読者と作者の距離はますます近づき、多くの女性が自分の日常や自分の考えた物語を、マンガという表現方法を用いて日々発信するようになっています。

4. 多様な生き方のモデルに出会う

　これまで見てきたように、マンガは女性の自己表現メディアのひとつとしての広がりを持っており、マンガ作品には多様な女性の生き方のモデルが示されています。それでは最後に、本学における女性教育の実践として、筆者自身がどのような取り組みを行っているかを紹介します。

　学科では、1 年生向けの必修授業としてメディアリテラシー教育を担当しています。そこでは、メディアとジェンダーの関係に注目し、ディズニーのアニメーション作品を題材としてメディアが受け手の価値観に与える影響力の大きさについて学生とともに考えています。読み書きができなくても理解することができるアニメーション作品は、世界中で低年齢の子供たちに幅広く親しまれています。とくにディズニーのプリンセスシリーズは、日本でもファンの多い人気作品を多数生み出しています。授業では、古典的なプリンセス作品に描かれる受動的なプリンセスのイメージに対する批判的な検討が必要であることを指摘する『お姫様とジェンダー』（若桑 2003）などの資料を読みながら、こうした批判を受け止め、近年のディズニー作品がどのように変化したかを学生とともに議論し、考察しています。

　マンガに関わる教育については、毎年、多くの卒業論文やときには修士論文も担当しますが、全学共通教育科目においても、マンガに描かれる女性たちの生き方の多様性に注目した授業を展開しています。

　近年、話題になった作品として、「逃げるは恥だが役に立つ」（海野つなみ）や「プリンセスメゾン」（池辺葵）、「傘寿まり子」（おざわゆき）などを取り上げ、これらの作品における女性たちの多様な描かれ方、パートナーや友人、家族との関係に注目し、どのような働き方や生き方が描かれているかを考察しています。2016 年にテレビドラマ化された「逃げるは恥だが役に

立つ」では、結婚を仕事として行う「契約結婚」が話題になりました。作中では、家事労働はなぜ無償なのかという問題提起がなされ、結婚をすれば家事に賃金を払わなくて済むのではないかという考えに対して、「愛情の搾取に断固として反対します！」と反論する場面が登場します。

　授業では、こうした多様なマンガ作品に触れることを通して、自分はパートナーとの関係をどのように築きたいか、どのように働き、どのように生きたいのか、社会に出る前の思考実験として、自分の生き方を問うきっかけにしてほしいと考えています。

　こうした思考実験は、フィクションの力を示していると言えます。ファンタジーやSFに限らずフィクションとしての物語は、現実を離れたもうひとつの世界を想像することで、現実から少し距離を取り、人を自由にし、新しい視点に出会うきっかけを与えてくれます。例えば、「男女逆転！　パラレル時代劇」というフレーズが冠された、よしながふみによる「大奥」という作品では、将軍を女性が務め、大奥では男性が働いているという男女が逆転した江戸時代の大奥が描かれ、大きな話題となりました。フィクションだからこそできる思考実験が面白く、現実世界を新たな視点で捉えなおす機会を与えてくれるのです。

　大学で行っているこうした授業をもとに、近年では、兵庫県や奈良県をはじめ、さまざまな自治体や団体などで男女共同参画セミナーを担当させていただく機会も増えてきました。パートナーや友人との関係、家族との関係、働き方など、自分の考え方や生き方を問い直し、性別や年齢にかかわらず、さまざまな世代の人たちと議論する機会がより広がることを期待しています。

　みなさんにもぜひ、多様なマンガ作品を通して、さまざまな生き方のモデルに出会い、新しい視点や価値観に触れる経験を豊かにしてほしいと願っています。

【参考文献】

竹内オサム（1995）『戦後マンガ50年史』筑摩書房
水野英子監修／ヤマダトモコ・増田のぞみ・小西優里・想田四編著（2020）『「少女マンガを語る会」記録集』甲南女子大学文学部メディア表現学科・増田のぞみ研究室
若桑みどり（2003）『お姫様とジェンダー──アニメで学ぶ男と女のジェンダー学入門』筑摩書房

5　北米先住民女性の役割と「力」に学ぶ
——過去から現在まで

岩﨑　佳孝

　北アメリカ（以下、北米）の先住民社会の中で女性が担ってきた役割、そして今や外の世界に発信するまでになったその「力」をみることは、社会における女性のあり方について、私たちがなんらかの示唆を得ることにつながるかもしれません。

1. 北米（カナダ、アメリカ）先住民とはなにか

　15 世紀末以降、ヨーロッパ人（以下、白人）によって「発見」された北米大陸は、当初は東インドと誤認され、その地の先住民はインドの住民、つまり「インディアン／インディオ」と歴史的に呼ばれるようになってしまいました。その後 18 世紀から 19 世紀にかけて北米大陸にはアメリカ合衆国とカナダが建国されますが、合衆国では国内の先住民を「アメリカ（ン）・インディアン」「ネイティブ・アメリカン」と呼び、カナダでは「ファースト・ネーションズ（First Nations）」という呼称をしばしば用いています。

　先住民にこのように国の名称を冠したり国ごとに異なる呼び方をしたりするのは、本来はおかしいことです。なぜならば、先住民は白人が大陸に国家を建設するはるか前から国境のない大陸上に住み、自由に移動していたのですから。このように名称をめぐるそもそもの誤解や偏見や差別を避けるため、ここでは「（北米）先住民」という呼び方をすることにします。

　広大な北米大陸各地に住む先住民は、大陸の多様な風土を反映して、狩猟、漁撈、採集、農耕といった生活経済や文化、言葉が様々に異なる集団に分かれていました。多彩な北米先住民社会におおむね共通していたのは、家族や縁者を最小の基本単位とし、それらが複数で、帰属意識、言語、慣習や文化、歴史を共有する小集団を形成していたことです。そのような先住民の集団のことを、非先住民社会は一般に「部族（tribe、band など）」と呼んできました。

　2020 年の時点で、カナダと合衆国政府に公的に認められている先住民「部

族」は、カナダで600以上、合衆国では574ありますが、これ以外にも様々な理由によって政府に認められていない集団が存在しています。いずれにせよ先住民社会は、500年以上に及ぶ白人を中心とする非先住民からの北米大陸植民と排除を受け、抵抗戦争にも敗れ、たくさんの命、土地、文化、そして誇りを奪われました。今でも多くの先住民が合衆国やカナダの僻地にある「保留地（reserve［カナダ］、reservation［合衆国］）」や都市のスラムといった社会の周縁、底辺で、人種差別を伴う貧しい生活を送っています。

2. 北米先住民社会における女性の立場

　北米各地の多様な先住民コミュニティ（部族）では、女性の立場や役割も多少異なっていました。しかし、いずれの社会でも共通していた点は、女性と男性が担うそれぞれの役割に優劣はなく、単なる「分業」としてとらえられていたことです。男女の役割は互いに尊重されるべきもので、女性は男性からの支配を受けることなく、その領分の中での自由な裁量権、決定権をもっていました。ただしこの役割分業は、かならずしも男女というジェンダーによってのみ規定されていたという訳ではなく、中には戦士として戦争に参加する女性や、女性の役割を担うトランスジェンダーの「男性」メンバーもいました。つまり、男女が平等であったというより、コミュニティ内のあらゆる人間が平等な存在とみなされ、お互いに補い合う関係であったととらえる方が、より適切かもしれません。

　一般に男性は、狩猟、採集、漁労などの食料をもたらす営み、外交や交易を通じた外部社会との交渉、戦争によるコミュニティ防衛という役割を担っていました。一方女性は、「命」をもたらし、はぐくむ存在として、出産や育児を含む家族の世話、畑への種まきと収穫、男性が狩りや漁から持ち帰った獲物の加工や調理、病気の治療などを担いました。赤ん坊には女性全員が目を配り、助けの手を差し伸べ、子どもは5、6歳頃まで、母親はもちろん母方の縁者の女性の世話を受けて育てられました。先住民イロコイ（Iroquois）のように、コミュニティの首長（chief）を、女性が選ぶ社会もありました。

　16世紀以降、北米大陸に続々とやってきた白人と先住民との接触が増え

ていく中で、先住民と直接取引を行う交易商人や猟師、土地の割譲などについて政府を代表して交渉する役人など（いずれも白人男性です）が、相手の先住民コミュニティ内の女性と親密な関係を結ぶことが多くなっていきます。これは白人男性が、先住民社会のしきたりを教え言葉を通訳する先住民女性を、交渉の仲介者として求めた事情もありました。また先住民女性にとっても、自分の属する社会に白人の意図を適切に伝えることで交渉に寄与し、便利で珍しい白人文明の様々な物品（例えばナイフややかん、鍋、銃など）を入手することができるという利点がありました。17世紀初めに先住民ポーハタン（Powhatan）とイギリスのヴァージニア植民地の（その経緯には諸説あるものの）架け橋となった、ディズニーのアニメーションでも有名な女性ポカホンタス（Pocahontas）は、白人男性と先住民女性の結びつきの一例でしょう。

　先住民女性の白人男性との結びつきからは、「混血」の子どもたちが誕生しました。その「混血」の子どもたちがさらに家族をつくっていくことによって、北米先住民社会には「混血」のメンバーがたくさんあらわれます。特に農業を生計の主たる手段とする先住民社会に顕著だったのは、女性の血統が優先される「母系」制が多かったことです。母系制社会では、結婚した男性は妻の家族と共に暮らすことになります。先住民女性と白人男性の間に生まれた「混血」者、あるいはその血を引く者は、白人社会では白人の血統を一部有していても先住民の血が入った忌まわしい存在として蔑視され、平等にあつかわれることはありませんでした。これとは反対に先住民社会では、「混血」者は母方の血を引く点からも、他のメンバーと変わりのないコミュニティの一員として認められていました。

　一例を挙げると、18世紀に合衆国南東部地域に居住していた先住民チカソー（Chickasaw）社会に定住したスコットランド系イギリス人のジェームズ・ローガン・コルバート（James Logan Colbert）という男性は、3人のチカソー女性を妻とし、多くの子をなしました。そしてその「混血」の子どもや孫たちの多くは、19世紀にチカソーの首長や有力者となって、合衆国政府に対しチカソーの権利を守るため尽力したのです。

3. 白人社会によってもたらされた先住民女性の立場の変化

　しかしやがて、特に 19 世紀以降、当時の白人社会がもっていた男性が女性に対し優位にあるという考え方、言葉を換えれば「家父長」主義が、まずは先住民女性と白人の親密な関係を通じて、先住民社会に導入されていきます。このことは、先に述べたスコットランド系イギリス人の血統をひくチカソーの「混血」の子孫たちが、白人の父方の姓コルバートを名乗ったことにもあらわれています。

　カナダや合衆国では、白人の目に宗教的、文化的に「野蛮」と映った先住民を啓蒙し同化する政策（これを白人は「文明化」と呼びました）の一環として、寄宿学校を各地につくり、そこに半ば強制的に先住民の子どもたちを入学させました。この学校で先住民の子どもたちに対し、男性を至上のものとする考えが教育されたのです。

　このプロセスは、カナダや合衆国では法律面からも後押しされました。カナダでは、先住民女性は白人男性と結婚した場合家長である白人の夫に従属する立場となり、「部族」への帰属を失うという政策が、1985 年まで行われていました。一般に先住民は、土地を私有したり占拠したりして独占的に使用するという概念をもっていませんでしたが、1887 年に合衆国で制定された「ドーズ（一般土地割当）法（Dawes Act）」では、個人所有地を先住民男性の「家長」に割り当てる施策でした。なおこのドーズ法は、狩猟や交易を行いながら移動していた先住民の広大な領域を、農耕や牧畜を行う狭い私有地に分割、縮小し、余った大規模な土地を白人のものとしました。これによって、特に農耕や牧畜を生業としない先住民社会で、男性のこれまでの立場や役割が破壊されてしまうという結果ももたらされました。

　これらのいずれの例も、白人社会の考え方の押し付けによって、先住民女性が男性の下位に従属する存在に貶められていったことを示しています。その一方で、絶望した先住民男性の女性に対する家庭内暴力が増え始めるのも、これと軌を一にします。

　現在もなお、先住民女性の受難は続いています。若年層から年長者に至るまでの幅広い世代の先住民女性が行方不明になり、惨たらしく殺害された死

体となって発見されるという事件が、カナダではここ数十年間に数千という
非常に大きな件数で発生しています。ほとんどの場合、その犯人は検挙され
ていません。被害者が先住民女性に集中しているという点において、これは
おそらく先住民に対する人種差別意識に加えて、男性優位、女性蔑視の思想
を併せ持った者による犯行だと推察されます。

4. 今も拡がる北米先住民女性の「力」

　しかし以上のような状況にあっても、先住民社会における女性の重要性が
完全に失われることはありませんでした。先住民が白人への抵抗に敗れ、狭
く不毛な「保留地」、あるいはまともな仕事のない都市の周縁に押し込めら
れ貧困化していく過程で、狩猟、採集、漁労、交易などを通じたコミュニ
ティへの食料供給や社会の防衛といったこれまでのような役割を失った男性
の中からは、自身の存在意義を見失い、絶望感から自暴自棄になっていく者
も多く現れます。しかしこれに対し、命を産み、育児、調理、治療といった
メンバーをはぐくむ女性のなりわいは、コミュニティ内で続けられました。
先住民女性はその中で、メンバーの絆たる文化やことば、記憶や伝承の担い
手、継承者としても、先住民社会を維持していくことになります。
　さらに現代の先住民女性たちの中からは従来の役割領域から外に出て、政
治、アカデミズム、芸術活動などの場からコミュニティ（部族）あるいは先
住民というエスニシティ全体のために尽力し、先住民の主張や文化を外の世
界に伝える、活動家、メッセンジャーとしての役割を担う者もでてきていま
す。以下では、そのいくつかの例をみてみましょう。
　現在のカナダや合衆国で国家に認定された先住民「部族」は、一定の主
権と特権をもつ自治政体として国家内に位置を占めています。その部族の
リーダーに女性が就く例は今では珍しくなくなっていますし、国家規模の政
治にも先住民女性は進出しています。なかでも先住民ラグーナ・プエブロ
（Laguna Pueblo）の政治家デブラ・ハーランド（Debra Haaland）が 2021 年
に発足した合衆国バイデン政権の内務長官に就任したことは、大きな話題
になりました。合衆国の先住民管轄部局である「インディアン局（Bureau of
Indian Affaires）」は内務省の下部組織であることから、ハーランド内務長官

の任命はアメリカ史上初めて先住民の、しかも女性が合衆国の先住民行政を
司る地位に就いたことを意味しているのです。

　先に述べた先住民女性の誘拐殺人事件についても、当初カナダのメディア
ではあまり報道されず、また警察、政府は積極的に解決に向けた取り組み
を行っていませんでした。しかし「カナダ先住民女性協会（NWAC: Native
Women's Association of Canada)」をはじめとする多くの先住民女性が抗議の
声を上げ、大々的に運動を行った結果、この問題はカナダのみならず国際的
にも広く報道され、知られるようになりました。これによって、カナダ政府
は公式に調査を開始し、警察もより積極的に捜査を行うようになりました。

　最後に、「力」を発進し続ける先住民女性と、甲南女子大学の関わりにつ
いて述べておきましょう。2019 年、日本カナダ大使館および日本カナダ学
会の協賛と甲南女子大学の招へいをうけて、先住民メイティ（Métis）女性
二名が来日しました。先住民女性として生きることの意味や女性が担う先住
民の文化について研究を行う、カナダのゲルフ大学准教授キム・アンダーソ
ン（Kim Anderson、写真 1）は、甲南女子大学の学生を前にカナダで先住民
の女性として生きることについての講演を行いました。またバンクーバーで
ダンス・カンパニーを主宰し、カナダ全国でメイティの有名な伝統文化「ジ
グ・ダンス（Jig Dance)」の公演活動を行う舞踏家イヴォンヌ・シャトラン
（Yvonne Chartrand、写真 2）は、ワークショップで日本人の学生にジグ・

（本人提供）

写真 1　キム・アンダーソン（Kim Anderson）

（本人提供）

写真2　イヴォンヌ・シャトラン
（Yvonne Chartrand）

ダンスを教授しました。

　以上、女性が北米先住民社会内で担ってきた役割と、現代世界に力強く発信する「力」をみてきました。今なお女性への差別が解消しない21世紀の世界に生きる私たちは、このような先住民女性のあり方から、現代社会における女性のあり方を学ぶところが大いにあるように思います。

【参考文献】
岩﨑佳孝（2015）「ポカホンタス　2つの世界の架け橋」藤川隆男・後藤敦史編『アニメで読む世界史2』山川出版社
ウォルフソン，エベリン（2003）『アメリカ・インディアンに学ぶ子育ての原点』北山耕平訳、アスペクト
佐藤円（2018）「アメリカ先住民社会における女性の政治力――過去と現在」『大妻女子大学比較文化学部紀要』（19）：3-16
スティア，ダイアナ（1995）『アメリカ先住民女性――大地に生きる女性たち』鈴木清史・渋谷瑞恵訳、明石書店

6 文学に広がる女性の多様な生き方
——アジア系アメリカ文学を例に

ウォント盛 香織

1. 文学が描き出す女性の生き方の多様性とは

　文学、と聞くと、皆さんはどのようなイメージを持ちますか。字ばかりでつまらなさそう、堅苦しそう、といった苦手意識を持つ方も少なくないかもしれません。昨今の若い方の活字離れは顕著で、全国大学生活協同組合連合会が 2018 年に行った調査によると、大学生の半数以上が、一日に本を読む時間は 0 分、と答えたそうです。一方、皆さんはおしゃべりは好きですか。家族や友達とのたわいないおしゃべりは好きな方は多いのではないかと思います。文学は、ある人（時々動物等が主人公の物語もあります）に起きた出来事が描かれています。それはおしゃべりの延長のような出来事が扱われていることが多いのです。恋愛であったり、学校での何気ない一コマだったり、友達とのきまずい喧嘩であったり、家族とのもめ事であったり、仕事場での不満等、扱われるテーマは作家ごとに違いますが、文学の中身は、皆さんがおしゃべりする内容と案外似ているのです。

　文学には女性の様々な生き方も描かれています。生まれてから死ぬまでの女性の経験は人それぞれ様々です。読者が共感できる生き方をする女性もいるでしょうし、理解に苦しむ生き方をする女性もいるでしょう。女性の多様な生き方は、家族や周りの友達からも知ることができますし、テレビや映画等でも知ることができますが、ある女性に起きた出来事が作家によってこと細かく書き出され、それを読者が想像していく、という相互行為は文学でしかできない経験ではないでしょうか。

　本稿では、皆さんにおそらくあまりなじみのないアジア系アメリカ人女性作家が描く、女性の多様な生き方について紹介していきます。アジア系アメリカ人女性作家の作品を通じて、女性ならではの生 / 性の喜びや苦しみを考えていきましょう。

2. アジア系アメリカ人とは誰か

　アジア系アメリカ文学を紹介する前に、まずはアジア系アメリカ人とはどういった人々なのか説明します。アメリカ合衆国（以下、アメリカと表記）は、もともとは先住民が暮らしていた大陸でしたが、17世紀にヨーロッパ各地から白人の移民がやってきて、移民によって構成される現在のアメリカという国家形態となっていきました。アメリカは白人中心の国家となり、彼らが農業や工業を行う上で、大量の労働力を必要としていました。先住民の人々は労働力としては十分ではなく、労働者として、まずアフリカ大陸からアフリカ人が奴隷としてアメリカに連れられてきました。その後南北戦争でリンカーンが1862年に奴隷解放宣言を行うと、アフリカ人奴隷の労働力供給が難しくなったため、世界中に労働者を募りました。アジアからの労働者は、18世紀にアメリカに渡った中国人が最初といわれています。彼らは当時の中国の政治的不安、経済的困窮から逃れるためにアメリカにやってきて、大陸横断鉄道の建設、鉱山採掘、といった労働に従事しました。

　中国人労働者の多くは、アメリカで一攫千金し、やがては母国に戻ることをもともとは考えて渡米していたのですが、アメリカでの生活は金銭的に厳しいだけでなく、英語が話せないという文化的障壁もあり、さらに中国人労働者は白人中心社会で激しい人種差別にも遭っていました。多くが帰国が叶わず、アメリカに根を下ろすことになりました。移民世代の中国人はアメリカ人に帰化することが法律で禁止されていましたが、アメリカは出生地主義という国籍法をとっており、アメリカで生まれた者は人種にかかわらずアメリカ国籍を取得できるので、移民の子どもはアメリカ人となりました。こうして、アメリカに中国系アメリカ人が誕生します。

　中国人移民を筆頭に、その後日本人移民、フィリピン人移民、インド人移民、ベトナム人移民等、アジアからの移民の波は続き、アジア系アメリカ人となっていきました。現在アジア系アメリカ人はおよそ2200万人であり、アメリカ人口の約6％となっています。アジア系アメリカ人は、政治、文化、経済等、多くの分野で活躍しており、アメリカ社会を構成する重要な人口群となっています。

　アジア系アメリカ人の中には、文学活動を行っている人々もおり、多くの傑作を生み出して、アメリカ文学・文化の発展に寄与しています。本稿では、アジア系アメリカ人文学を代表する作家の一人である、エイミー・タンの『ジョイ・ラック・クラブ』という本を紹介します。

3. 少女から老女までの物語

　エイミー・タン（Amy Tan）は中国系アメリカ人作家で、1989 年に発表した『ジョイ・ラック・クラブ』（*The Joy Luck Club*）がベストセラーとなり、アジア系アメリカ人を代表する作家となりました。『ジョイ・ラック・クラブ』は、8 人の女性のおしゃべりから構成されている本、といっても過言ではないでしょう。登場人物は、4 人の移民世代の老齢期を迎えた母親と、それぞれの成人した 4 人の娘たちです。母親たちは、ジョイ・ラック・クラブという麻雀をする会を定期的に持ち、そこでおしゃべりに花を咲かせます。『ジョイ・ラック・クラブ』は、母親たちの自分たちの人生の振り返り、そして娘たちの人生に思いを馳せるシーンから始まります。

　4 人の母親は皆、渡米する前の中国での生活で、人に言えない辛苦を経験してきました。ある母親は、少女の時に結婚を強制され、意にそわない生活を送ることを余儀なくされていました。ある母親は、妾（他の女性と婚姻している男性と非正式な婚姻のような関係を持つ女性のこと）の子どもとして生まれますが、妾ゆえに本妻から虐げられる母親の姿を見て、苦しみ続けます。ある母親は、パーティで出会った男性と恋に落ち、結婚をするものの、男性の浮気癖に苦しみます。ある母親は、戦禍から逃れる際に、双子の子どもたちを手放さざるを得ず、深い罪悪感と喪失感に苛まれています。それぞれが、女性であるが故の悲しみや苦しみを背負って、アメリカに逃れてきました。

　母親たちは、アメリカで新しい人生をやり直す中で、娘を産みます。娘たちは中国で生まれ育った母親たちと比べれば、政治的、経済的に安定した生活を送ってはいるものの、それぞれが生きる上での悩みを抱えています。共通している悩みとしては、アメリカ生まれの娘たちは、中国の文化風習を持つ母親に対し、違和感を抱きます。移民世代の親と、アメリカで育った子ど

もたちとの世代間ギャップは、アジア系アメリカ文学の主題の一つですが、『ジョイ・ラック・クラブ』でも、この問題が扱われています。

　一方で娘たちは、異なる問題も抱えています。ある娘は、少女の時母親から勉強や習い事で、他の中国系アメリカ人の子どもよりも優れていることを求められます。母親が自分の劣等感を、子どもを使って晴らそうとしていることに気づいている娘は、母親の思い通りに生きなくてはいけないことに強い反感を覚えつつ、母親の賞賛を得たい気持ちもあり、相反する気持ちに揺れます。ある娘は、聡明に育ち、大学で出会った白人男性にその聡明さを愛され、結婚しますが、結婚相手とその家族に気に入られようとするがあまりに、自分を見失っていきます。ある娘は、経済的に豊かである男性と結婚するものの、彼が金銭に大変細かく、彼女の人格を尊重しないことから、結婚生活に疲弊していきます。娘たちもまた、母親の経験とは異なるものの、女性であるが故の苦しみの中でもがいています。

　強制的に結婚をさせられるとか、戦争で子どもを手放すとか、現代の日本に生きている私たちにはピンとこない話が多いかもしれません。しかし、小さい頃に、興味のない習い事を親に強制されたとか、テストで悪い点数を取ったとき親に怒られて嫌だったな、という経験がある方は少なくないのではないでしょうか。長じて、恋に落ちたとき、その相手に気に入られようとして背伸びをして疲れたり、相手の不誠実さに失望したり、という経験をした人もいるでしょう。母親となった人では、子どもに過度の期待をかけて傷つけてしまったり、子どもが目の前で苦しんでいるのにどうすることもできず、もどかしい思いをした人もいるでしょう。

　『ジョイ・ラック・クラブ』に出てくる8人の女性は、それぞれが苦しみを抱えており、中には、自分の子どもを戦地に置いてきてしまうという、読者によっては眉をひそめるような行為をしている人もいます。しかし、作家のエイミー・タンは、彼女たちの人生の選択を責めるわけでも、褒めるわけでもなく、一人一人の異なる人生を淡々と描き出しています。なぜなのでしょうか。それは、文学は多様な人生を描き出すことで、読者がそうした人生をどのように感じるか、読者の想像力に委ねているからです。

　8人の女性の物語に、共感できる人もそうでない人もいるでしょう。文学の中の登場人物を理解するためには、読者の人生経験を必要とすることがあ

ります。今、高校生の方に、母親の経験を理解するのは難しいかもしれません。しかし、将来自分が子を持ったときに、『ジョイ・ラック・クラブ』の母親の心境がわかるようになるかもしれません。文学には正解はありません。読者がある作品を読んで、どう思うかは、その人の経験や、属性（ジェンダー、出身国、出自等）によって変化します。文学はあらゆる読み方を許すからこそ、ジェンダーや世代、国境を超えて、多くの人の心を打つのではないでしょうか。

4. 文学の扉を開こう

　アジア系アメリカ文学は、アメリカという白人中心社会で、アジア人であるが故の苦悩を描き出す作品が多いのですが、アジア系アメリカ人女性作家の作品は、そこに女性であるが故の問題も加わり、物語は複雑性を増します。アジア系アメリカ人女性作家の作品の多くが、アメリカでアジア人であり、かつ女性であるという社会的立場の弱さに潰される人や、それに抵抗して成功する人を描くわけですが、前述したとおり、失敗した人も成功した人も、作家たちはそうした人生を失敗とも成功とも決めつけるわけでなく、淡々と書き出します。人の人生は多様で、多彩であり、それは失敗とか成功とかいった尺度で測れるものではないのだ、ということを文学は教えてくれます。

　皆さんの人生も同じです。私たちは多様な選択肢の中で生きているように見えますが、日本社会では今でも勉強ができて、安定した職場に勤めて、経済的に豊かな生き方をする人を成功者、といった見方をする風潮があります。しかし、文学を読むと、決してそうした生き方だけが成功ではないということがわかります。生き方の多様性を教えてくれるという点で、文学は私たちの硬直した思考をほどいてくれる、素敵なおしゃべりのパートナーのようである、といえるでしょう。

　本稿では、エイミー・タンの『ジョイ・ラック・クラブ』を中心に、女性の多様な生き方について紹介しましたが、文学の世界は、女性だけでなく、様々な属性の人々の生き方が繰り広げられています。皆さんの今の生き方に重なっていたり、指針になるような物語が世界中に溢れています。本は苦手だな、という意識を超えて、文学の豊かなおしゃべりの扉を開いてみませんか。

【参考文献】

タン，エイミー（1990）『ジョイ・ラック・クラブ』小沢瑞穂訳、角川書店

「大学生の読書離れが浮き彫りに　1日の読書時間0分　過半数に出版社も危機感」IT
　　メディアビジネス　https://www.itmedia.co.jp/business/articles/1802/27/news082.html

"Asian American and Pacific Islander Heritage Month: May 2020."
　　https://www.census.gov/newsroom/facts-for-features/2020/aian.html

〈女性教育と社会科学〉

甲南女子大学の社会科学とは

　社会科学とは、人間や社会の在り方を、統計やインタビュー、参与観察等の研究手法で、科学的に研究する分野です。社会科学を学ぶことで、私たちは、客観的な指標に基づいて、よりよい社会の実現を目指すことができます。ここでは国際協力論、文化人類学、心理学、環境学、社会学、ビジネス論といった学問領域と、女性教育の関わりについて紹介します。

　国際連合は、人類が克服すべき17の課題として、SDGs（持続可能な開発目標）を設定しました。国境を越えて人類が協力し、次世代が安心して生きていける地球環境を作りあげていく努力が、私たちに求められております。教育、ボランティア、環境、企業活動など、様々な場でどのように女性がSDGsの目標に関わっているのか、そしてそうした行動が女性だけでなく、いかにすべての人々の安全で幸福な暮らしにつながっていくのかが示されています。また、心理学や社会学には、女性の生き方を縛るステレオタイプ（多くの人が共有している根拠のない思い込み）から私たちを自由にしてくれるヒントに満ちています。

　社会科学における女性教育は、今を生きる知恵だけでなく、未来の地球を想像し、それが豊かなものであるように、私たちがどのように考え、どのように行動したらいいのか、という思考と行動方法を示してくれます。自由で持続可能な未来に向けて、皆さんも何ができるか、一緒に考えていきましょう。

1 コロナ禍の授業を通して女性に関わる
課題と未来を考える
──SDGs の視点から

髙橋 真央

1. コロナ禍で向き合った課題──授業を通して

激動の 1 年であった 2020 年。

新型コロナウイルスによって、日本中、そして世界中が翻弄され、これまでの「日常」が「非日常」となり、私たちの生活でも様々な影響がありました。

多くの人たちが今まで想定したこともなかったオンライン授業がスタートしたのは、4 月下旬のことでした。学生も教員も初めての体験である PC やスマホを使って画面越しに語りかける授業は、双方が多くの不安と戸惑いを覚えつつも、これまでの「日常」と同様の授業を展開できるように様々な工夫や配慮をしながら進められました。

2019 年度から私の担当する授業では、様々な場面で「SDGs（持続可能な開発目標：Sustainable Development Goals）」について考える機会を作っています。国際社会で合意された目標が自分たちを取り巻く社会や生活にどれほど影響があるのか？　自分たちはどのようにその目標に参画すべきなのか？　といった点について日本社会での様々な課題から学生に問題提起をしてきました。コロナ禍の中で、先の見えない不安や貴重な学生生活の機会を奪われた悔しさを抱えた学生たちは、先輩たちと同様の「学生生活」を送ることができないことに苛立ちを覚えていたと思います。一方で、今、学生としてこの時代を生きている彼女たちだからこそ感じ、考え、見出した日本社会の課題や疑問があったように感じました。それらを画面越しで議論することで、他者と意見を交わすことを通してコロナ後の社会、そして SDGs 達成目標としている 2030 年の未来への期待が高まったように感じました。

本稿では、コロナ禍での 2020 年度の授業について、本学の「女性教育」

の一環として、SDGs をベースに取り組んだ二つの授業の取り組みについて提示し、学生がどのように社会の課題や可能性について考えたのか、提示していきます。

2. 「ボランティア論」の授業から——SDGs の視点から考える

　共通教育授業の一つである「ボランティア論」は毎年、100 名程度の学生が受講します。日本社会のボランティアの歴史や課題、取り組みなどと共に、授業の後半は寄付や SDGs、企業の社会貢献等について近年は講義を行っています。

　双方向型のオンラインで始まった 4 月から 7 月までの授業では、「ボランティア」や「社会貢献」の視点から様々な問題提起を行ってきました。コロナ禍の中で浮かび上がったジェンダーや人種差別に関する問題についても取り上げて、数人のグループで意見交換をしてもらうこともありました。

1）コロナ禍での航空会社スタッフの「防護服縫製支援問題」について

　5 月に学生たちに提示した課題は、4 月にある大臣が発言した「某航空会社のキャビンアテンダント（以下 CA）などの防護服縫製支援問題」でした。これは、コロナ禍で欠航が相次ぐ中で CA をはじめとする、航空業界に携わる人たちが社内ボランティアとして防護服の縫製を名乗り出たというものでした。この支援活動を行うのはほとんどが女性であり、女性＝縫製支援ではないか？　という点で世論からも様々な反響がありました。

　本学では、CA やグランドスタッフなど航空業界に就職を希望する学生が多いことから、「CA などの防護服縫製支援」と世論の反響について問題提起してみました。学生たちからは、中途半端な技術で縫製支援することには賛成できない、仕事がない今、無償ではなく給料をもらってそのような仕事に携わるべきである、本当に CA などからの自発的な申し出なのか疑問である、CA の職業はなんでも屋ではない、といった自発性や無償性に関する問題点を指摘したものがありました。また、ジェンダー平等の視点から「女性は縫製が上手であるという考えはやはり違う」「CA だけに防護服の作成を頼むのは間違っていると思う。女性＝裁縫が得意という男性と女性の偏見が

あると思う」といったように、縫製作業が女性の仕事であるような解釈に疑問を呈した意見も多くありました。

　一方で、政治家の発言や企業の取り組みを取り上げたニュースに対して「女性＝裁縫上手のような考え方が見られたと思うが、CA も女性だけの仕事ではないと思うし、そこまで過剰に反応しなくてもよいのではないかと感じた」や「CA の人がこの行為は差別だと批判するのはまだわかるが、勝手に外部の人が差別だと批判するのは違うと思った。CA の人の中にも進んで協力したいと思っている人もいるだろうから、何でもかんでも批判的な方向に考えるのは違うと思った」というように、メディアの報道や世論の反響に対して批判的に捉える学生もいました。そして、CA の縫製支援の申し出に対する大臣の発言に対して「政治家という公的な立場に立つ人である以上、軽率な発言であったと思う」といった声もありました。

　授業の後半に数人ずつで行ったグループでの意見交換では、一つのトピックに対して、学生によって関心を示す点が異なること、そして縫製に関する支援の捉え方に様々な意見があることを知ったようでした。彼女たちにとっては、コロナ禍における企業の社会貢献、「縫製支援」という点から「女性」の立場や世論の反響について考える貴重な機会となったようでした。

2）SDGsへの関心

　多様な事例を取り上げながら進めている授業ですが、「ボランティア論」の最終段階では私たちを取り巻く社会課題について、包括的に考えてもらうために SDGs について講義をしました。

　7月初旬に行われた第 11 回目の SDGs に関する授業では、まず「17 目標のどれが最も身近な目標であるか」について複数回答で学生たち 103 名に答えてもらいました（図1）。

　最も多かった目標は、第 5 目標「ジェンダー平等を実現しよう」でした。これは半数近い 48.5％（50 名）の学生が回答していました。また、第 3 目標「すべての人に健康と福祉を」、第 10 目標「人や国の不平等をなくそう」についても約 3 分の 1 の学生が身近な目標であると答えていました。コロナ禍での授業でもあり、健康や医療への関心が例年以上に高かったように思われます。しかしながら、ジェンダーや差別、不平等に関する問題については、

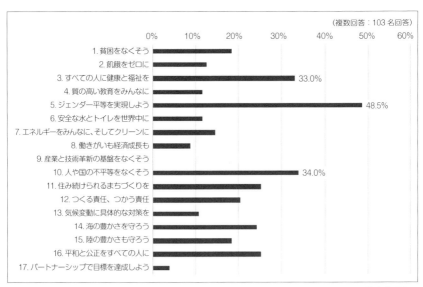

（複数回答：103名回答）

- 1. 貧困をなくそう
- 2. 飢餓をゼロに
- 3. すべての人に健康と福祉を　33.0%
- 4. 質の高い教育をみんなに
- 5. ジェンダー平等を実現しよう　48.5%
- 6. 安全な水とトイレを世界中に
- 7. エネルギーをみんなに、そしてクリーンに
- 8. 働きがいも経済成長も
- 9. 産業と技術革新の基盤をなくそう
- 10. 人や国の不平等をなくそう　34.0%
- 11. 住み続けられるまちづくりを
- 12. つくる責任、つかう責任
- 13. 気候変動に具体的な対策を
- 14. 海の豊かさを守ろう
- 15. 陸の豊かさも守ろう
- 16. 平和と公正をすべての人に
- 17. パートナーシップで目標を達成しよう

（筆者作成）

図1　あなたにとって身近なSDGsの目標はどれですか？

「ボランティア論」の授業の中で様々なトピックから考えてきたこともあり、学生にとって身近な目標となったことは自然なことでもありました。

　特に半数が回答した第5目標「ジェンダー平等を実現しよう」の理由としては、次のようなものがあげられました。「性別によって差別されることは同じ女性として問題を解決したいという気持ちがあります。また、女性だからといって職場の立場が弱くなったり、セクシャルハラスメントなどが行われることはあってはいけないし、改善されて欲しい」、「一番当事者意識を持つことが簡単で、実際に行動に移すこともできるから。実際に、私は女の子だからという理由で嫌な思いをした経験があるため」というように、女性という当事者としての経験から「女性やジェンダーに関わる課題解決」の必然性を述べているものもありました。また、ジェンダーや人・国の不平等の改善をしていくために自分自身がまず主体的に行動することが重要であることからこの目標を選んだという意見もありました。「どれも自分が意識して一人でも始められることだと思ったから選んだ。ジェンダー平等や人や国の不平等は、ジェンダーについて考えを深め、今どのような扱いを受けているのか現状を知り、SNSなどで拡散することで考えが変わる人がいると考え

た」、「ひとりが意識することで、直ぐに効果が出るものだと考えたから」というものでした。未来の仕事と結び付け、自分自身が社会に向かってどのようにジェンダー平等を実現していくか、という点について女性が活躍できる場を作っていくべきであるとし、それをふまえた様々な意見も見られました。「ジェンダー平等の実現は、教育の仕方で価値観を変えることができるのではと考えている。私が教育する立場になった時に進んで教えたいと考えています」といったものもありました。

女性だけが受講生である女子大学でSDGsについて考え、意見を交わしても非常に多様な意見が出ました。特にジェンダーや不平等の廃止に関する目標と実践に関しては関心が高く、一つのトピックから「女性」という共通点を持った学生たちが多様な意見を交わし合うことは大いに刺激と学びになりました。

3. 4年ゼミでの取り組み──シナリオプランニングの取り組みから

6月から9月にかけて私の4年ゼミでは、「シナリオプランニング」という手法を使って、オンラインで「未来（2030年）の私たちの暮らし」について数回に分けて考えました。これは、ファシリテーターの原由紀子氏が4年ゼミの学生に向けて実施した取り組みでした。

10年後の世界、日本社会はこのコロナ禍を経てどのように変化しているのか？　自分たちの仕事はどう変わっていくのか？　また、女性のライフスタイルはどのように変化しているだろうか？　という問いをまず立てました。シナリオプランニングは、将来に向けて、外部環境要因について「不確実性が高い／低いもの」と「影響力が高い／低いもの」について4象限でシナリオを考えていくものです。未来において、学生たちが2030年に最も不確実性が高いこと（つまり、実現可能性が低いこと）にあげた一つが日本における「女性の首相」の誕生でした。「女性の首相が誕生したら、日本社会や経済に対するインパクトは大いにあるけど、10年でそんなことにはならないよねぇ」「やっぱり、それは難しいんじゃない？　だから、これは不確実性が一番高いよ！」「でも、そんな社会が早く来てほしいなぁ」。このような話がオンラインの画面越しに彼女たちから交わされました。

　コロナ禍にあって、学生たちにも様々な制限が求められている中で、就職活動、卒業研究などといった将来の不安を抱えている折に、10年後の未来を考えることは楽しい作業でもあるとともに、不確実性の多い「現実」を直視しなければならない非常に辛い作業でもありました。ただ、これまで以上に世界や社会の動き、政治に関心を持つようになった彼女たちにとって、未来の自分たちを取り巻く社会、女性の社会参画、そして世界の潮流に乗って、日本社会もまた女性のトップリーダーを輩出できる可能性について意見を交わし考えることは、決して夢ではなく、希望の光となっていきました。

　2020年度の卒業研究で、前述のシナリオプランニングをふまえて、このコロナ禍の世界や日本社会の動向をまとめた学生は、「女性リーダーが選ばれている社会性や国民性こそがコロナウイルスを抑え込む鍵となっている」とし、女性リーダーを生み出せる土壌が社会の中にあるかどうかによって、社会課題の解決は異なってくるのではないかと指摘しました。

　学生たちがコロナ禍の中で2030年の未来について語っていた時、彼女たちは「今より10年後はもっと多様な価値観の中で私たちは生きている。国や民族、文化や宗教、人々の往来など多様性を尊重した社会になるように、私たちも行動しなければならないし、政治にも関心を持って過ごしていかなければならない」と語っていました。それは「女性」という視点を持ちつつも、一人の人間として、社会に対する責任と覚悟から出た言葉であったように感じました。

4. 女子大学の教員が担う使命──教育活動を通して

「女性教育」を本学でどのように実践していくのか？

　私が日常的に授業で教え、共に学んでいる学生たちは「女性」たちです。彼女たちがどのようなことに不安を覚え、悩みを抱えているのか？　また主体的に自分の人生を切り拓いていくためにどのような知識や力を養っていくべきなのか？　常に学生に向けて授業内でどのような問題提起をすべきか、試行錯誤を繰り返しながら進めています。

　このコロナ禍の日々を過ごしながら、これまで以上に社会や政治に対して、そして女性の生き方について、彼女たちの中に様々な関心や疑問、そして学

ぶ意欲が生まれたことは非常に大きな転換をもたらしたと思います。不確実性が高い未来に向き合う今だからこそ、「女性」としてどのように主体的に社会に参画していくのか？　より良い社会に貢献し、変革できる女性となっていくのか？　その支援を私たちは求められていると思います。

　どのような状況や職業であっても、トップリーダーが「女性」であることを特別視しない社会、そしてそれを多様な立場、意見を持つ人たちが共に支え合い、認め合う多様性あふれる社会を実現するために、女子大学の女性教育はその一端を担っていければと思います。

2 女性と持続可能な自然資源の利用
—— フィリピンに暮らす女性と水産資源との関わりから考える

瀬木 志央

1. 世界の自然資源を巡る状況

　環境問題に関するニュースや話題に触れずに一週間過ごすことはできない
ほど、地球の自然環境は多様かつ深刻な問題に直面しています。地球の46
億年の歴史を気候や生物相の状況で区分した地質時代によると、我々は約1
万2千年前に始まった温暖で安定した気候に特徴付けられる完新世という時
代に生きています。この時代は人類を含む生物に繁栄をもたらしてきた訳で
すが、近年科学者の間では完新世は終わり、地球は「人新世」と呼ばれる新
たな地質時代に突入したということが議論されています（Crutzen 2006）。人
新世とは、人間活動により気候システムが不安定化し生物の大量絶滅等、自
然環境が不可逆的に大変化する地質時代を意味します。19世紀以降、爆発
的に増大した人間活動は水、森林、鉱物といった自然資源を持続不可能な
ペースで消費し続け、地球環境を危機的な状況にまで追い込んでいるのです。
　持続可能な自然資源の利用に向け、世界では様々な取り組みがおこなわれ
ていますが、その中で着目されている問題があります。それは女性たちがそ
うした取り組みに十分参加できていないという指摘です。その背景には自然
資源を利用する生業の主体は男性であると考えられ、男性と比べ女性が自然
資源を守る活動に果たしうる役割はさほど重要ではないと捉えられてきたこ
とが挙げられます。果たしてこの見方は正確でしょうか。筆者はむしろ女性
の参加なくして自然資源を守ることなどできないと考えます。
　以下では、魚、甲殻類、貝といった水産物という自然資源に焦点を当て、
筆者が長らく調査してきたフィリピン共和国セブ島のある沿岸村落の事例か
ら、女性たちがどのように自然資源を利用し、なぜ彼女たちの自然資源を守
る活動への参加が重要なのかを見ていきます。以下では資源管理という用語
が出てきますが、本稿ではひとまず水産資源を巡る利用や保護に関するルー

ルを作り、それらを守りながら資源の持続可能性を図るという意味だと考え
てください。フィリピンを含む多くの開発途上国では、水産資源は人々にと
り重要な動物性タンパク質源、現金収入源ですが、過剰な資源利用、生息地
破壊、そして海洋汚染等により、資源の枯渇が危ぶまれています。有効な資
源管理をおこなっていくことは、人々にとり死活問題だといえます。

2. 女性による水産資源の利用

　水産資源に関わる仕事の多くについて、「男性の仕事」というイメージを
持ってはいないでしょうか。海での仕事は危険度が高いこと、不確実性が高
く「賭け」のような要素があること、動物を相手にすることは、一般的に男
性的なイメージに結びつきやすいと言えるでしょう。しかし、その実情はこ
のイメージとはやや異なります。少し古いデータですが、2012年時点で水
産資源の獲得に直接関わる第一次産業に従事する人々は世界に5700万人弱
おり、うち女性は19％を占めていました（FAO 2012）。つまり、5人に1人
は女性だったという訳です。さらに、水産物の加工業や販売業といった第二
次産業にまで対象を広げると、総数1億2000万人のうち47％は女性であっ
たとされています（Monfort 2015）。確かに水産物をとる女性は男性に比べ少
ないですが、水産産業全体で見た場合、女性は男性と同程度にその営みに関
わっている様子が窺えます。
　セブ島の村落では、女性は具体的にどのように水産資源の利用に関わって
いるのでしょうか。ここでは、関わり方をわかりやすく整理するため、水産
資源をとる準備段階であるプレ・ハーベスト、実際に水産資源をとる段階で
あるハーベスト、とった水産資源を処理する段階のポスト・ハーベストとい
う3段階に分けて見ていきます。
　まず、プレ・ハーベストの段階です。この村落では漁業をおこなうために
必要な漁具を作ったり修繕したりする作業に、世帯の女性メンバーが積極
的に関わります。みなさんもこの地域の浜辺を歩くと、談笑しながら漁具作
りに勤しむ女性の姿を浜辺で目にすることでしょう（写真1）。そうした作
業に必要な材料を近隣の店に買いに行くのも女性です。加えて、燃料、食事、
飲み物といった準備でもやはり女性が中心的な役割を果たします。また浜辺

に置いてある小さなボート（バンカと呼びます）を協働して持ち上げて、海まで押し出すような力仕事だって彼女たちは厭（いと）いません。

　続いてハーベストの段階です。沖合に出るような漁業の場合、使用するバンカは一人乗りなのでもっぱら男性のみで漁をおこないます。一方、浜から近いサンゴ礁が広がる浅瀬の海域で漁をおこなう場合は、男性とともに女性もバンカに乗り込み、一緒に網や釣り糸を操りながら漁をすることもあります。実はこうしたバンカも女性が労働や借金によって手にしたお金で購入されたため、女性の資産であることも少なくありません。また地引網のような浜から網を引くような漁業でも、男性に混じりながら女性も一緒に引っ張ります。

　女性が主な担い手となる活動もあります。潮間帯（潮の満ち引きで水に浸かったり干上がったりする場所）の浜や磯にて、素手や簡易な漁具で貝類、ウニ、甲殻類、海藻等をとるのは主に女性や子どもの役目です。また、ある別の地方ではサンゴ礁が広がる浅瀬は主に女性が漁業をする海域だとの考えがあり、男性はより遠くの海域で漁をすることを求められます。

　最後にポスト・ハーベストの段階です。ここでも女性が大活躍します。とられた水産物は、通常、まず村落周辺の仲買人へと販売され、その後近隣の市場へと運ばれ消費者へ販売されます。仲買人や市場の販売人たちのほとんどは漁師を家族や近親者にもつ女性たちで、また市場で販売する人たちも女性が多くを占めます。干物や塩漬けといった水産物の加工においても、女性が中心となり作業をおこないます。

　いかがでしょうか。一見すると男性漁師の姿ばかりが目立つ中で、女性たちは水産資源の利用プロセスの全ての段階において、時にはその活動の主役として、大活躍をしているのです。ここで留意すべき

（筆者撮影）

写真1　夫の漁具を手入れする女性

124

は、女性たちはこうした役割分担に加え、日常的に家事、介護、子育てを担っている点です。男性たちが主役のように漁に出られるのも、結局のところ女性たちがこうした仕事を無給で引き受けているからに他なりません。また、水産物の販売や加工といった有給の仕事であっても、多くは高い教育やスキルを要しない仕事とされ、賃金は相対的に低く雇用も不安定になりがちであることも見逃せません。なぜなら、経済的な地位は女性たちの声の重みに直接的に影響するからです。

3. 限られた水産資源管理への参加とその問題

　女性の水産資源の管理への参加度合いは、彼女たちの多面的な水産資源の利用形態と比べると明らかに見劣りします。資源管理の運営に関する話し合いに参加する女性は男性と比べて圧倒的に少なく、魚やサンゴ礁等の生態系調査やルール遵守の監視といった活動でも、やはり女性たちの参加は限られています。また、公的機関においてジェンダー平等を巡る状況が比較的進んでいると言われるフィリピンですが、農林水産関係分野はやはり男性中心的で、責任あるポジションの多くは男性が占めています。こうした状況では、水産資源を巡る女性の貢献とその重要性は政府を含む資源管理に関わる人々の間で十分認識されません。なぜ女性が資源管理に参加することが大切なのか、以下で二つの点に絞り説明します。

　まず一点目は、資源管理の試みに実効性を与えるためには、女性を含む資源に関わる人々の意見を十分反映させながら、ルールを作っていく必要があるということです。例えば人々の生業の場である海や浜での水産資源の利用方法について、資源利用者の意見、要望、アイデアなどを一切顧慮せず、政府の担当者が好きなように決めてしまったとすると、人々はそのルールにすんなりと従うでしょうか。違反した際のペナルティを恐れ嫌々従ったとしても、それは表面的なものに過ぎず、監視の目が緩んだ途端にルールを破ろうとすることでしょう。実際、こうした事例は数多く報告されています。ルールを作ったけれども誰も守らない、ということではその資源を管理することはできません。既に見たように、女性は水産資源の利用に深く関わっており、彼女たちが自分たちのルールとして認識し従っていくためにも、ルール作り

への参加は欠かせないのです。

　二点目は、資源管理において女性は男性と異なる貢献ができるということです。水産資源との関わり方が男性と異なる女性は、男性が知り得ない水産資源に関わる豊かな知識を持っています。例えば、日常的に浜辺で軟体動物をとる女性たちは、生物の生息場所や行動、他の動植物との関係性といった生態系についての、そして調理や加工方法についての豊かな知識を生活の中で習得していきます。こうした知識の中には、一般的によく知られているものもあれば、その地域特有の情報や、科学者の間でも知られていないような貴重な知識も含まれるのです。このような知識を専門用語では地域環境知（Local Ecological Knowledge）と呼びます。

　地域の水産資源を適切に、そして効果的に管理していくためには、男女間で異なる地域環境知を十分に活用していく必要があります。例えばある生物種の保護をおこなう場合、科学的知識に加え、人々の持つ地域環境知を用いることで、効果的な禁漁区や禁漁期等の設定といったルールを作ることが可能になります。したがって、女性が中心となり利用する資源や空間の管理には、彼女たちの知識が大いに求められるのです。

　女性たちが主体的に水産資源の管理に関わることで持続可能な漁業に向けた取り組みを進展させたケースは、これまでもいくつも報告されています。一例として、エクアドルのガラパゴス諸島での例（UNDP 2012）を紹介しましょう。この地域では周辺海域でとられたマグロの販売が主産業ですが、十分な利益を確保しようと人々がマグロを過剰に採捕することで、その資源量が減ってしまう危険に直面していました。こうした状況を打破すべく、ある女性グループは、マグロを燻製加工することで付加価値を高めて、より大きな利益を生み出すことで、マグロがとられ過ぎる状況を解消しました。また、女性たちは燻製のための木材に島固有の植生に悪影響をもたらす外来種の伐採木を使うなど、水産資源管理のみならず陸上の生態系保護にも貢献しています。

4. 自然資源管理に関心を持とう

　本稿では、フィリピンの水産資源を例に、女性の資源利用における貢献が

過小評価されている現状と、彼女たちの資源管理への参加の取り組みの重要性について考えました。女性が資源管理に十分参加できていないことは、他の自然資源管理に共通した課題とも言えます。自然資源を持続的に利用していくためには、ジェンダー平等が欠かせないのです。

では、どのようにすれば女性たちが資源管理により参加できるのでしょうか。この問に対する回答は容易でなく、またどんな方策も一朝一夕で成し得るようなものではありません。しかし確かなことは、まず資源管理に関わる人々が、見過ごされがちである女性と自然資源との関係性について関心を持ち、女性が資源管理に関わることの重要性を認識するところから始まるのだと思います。そのためには、自然資源を巡る女性の多様な営みを調べ、記述し、世の中に伝えなくてはなりません。経験上、女性の生活領域には男性調査者は入りづらいものですので、この分野での女性調査者たちの活躍も大いに期待されます。こうした現状を知り、少しでも関心を持ったみなさんこそが、将来大きな変化の媒介になるかも知れません。奥深い自然資源管理の扉を一緒に叩いてみませんか。

【参考文献】

Crutzen, P. J. (2006) "The Anthropocene". In E. Ehlers, T. Krafft (Eds.), *Earth System Science in the Anthropocene*, Springer: 13-18.

FAO (2011) *Review of the State of World Marine Fishery Resources*, FAO Fisheries and Aquaculture Technical Paper No. 569, FAO.

Monfort, M. C. (2015) *The Role of Women in the Seafood Industry*, GLOBEFISH Research Programme, Vol. 119, FAO.

UNDP (2012) *Pescado Azul Women's Association of Isabela, Ecuador*, Equator Initiative Case Study Series, UNDP.

3　「賢く生きる」の心理学的考察

山田 尚子

　「甲南女子大学における女性教育」というテーマで自身の取り組みを振り返ることになり、真っ先に頭に浮かんだのは大学院時代の思い出です。設置後まだ10年も経っていない本学の大学院に入学してしばらく経った頃、先輩から「ある先生は『学部教育はよき母・やさしい母をつくるため、大学院は賢い母をつくるため』という信条を持っておられるそうよ、それに対してあなたはどう考える？」と笑いながら問いかけられました。自分が何と答えたかは覚えていません。しかし、当時バイブルのように読み耽っていた田辺聖子さんの小説にあった「オンナ商売アホではやれない」という一節に感じ入っていた私は、ここで自分はカシコになれるかもしれないということだけを素直に喜び、それを楽しんでいる間に30年余りが過ぎました。その間に、社会の中で女性が選びうる役割がどのくらい広がってきたか、また本学における女性教育の理念がどのように変わってきたかは他章で論じられている通りです。そして私にも「賢さ」がひと言では表せないことや、それが「幸せに生きること」と結びついているのではないかということがわかってきました。

1.「女性だから」というステレオタイプ

　女性と教育の問題を考える際にしばしば取り上げられるのがジェンダーステレオタイプです。これは生物学的に男性または女性であるということに結びつけられた固定観念で、例えば多くの国でみられる「女子は数学が苦手（男子は得意）」というステレオタイプはSTEM（Science, Technology, Engineering & Mathematics）と呼ばれる科学・技術・工学・数学の分野を志望する女子学生や女性研究者の少なさに影響する一因ではないかと言われています。中には、テストで高い得点を取った女子生徒に教師が「女子なのに数学の得点が高いね」と声かけすることによって、その後の勉強時間ややる

気が低下するという結果を示した心理学的研究もあります。

「男性は女性より空間認識能力が高い」と「女性は男性より対人能力が高い」というのも定説のようになっており、実際にそれらの能力を測定してみると性差が認められることもありますが、これらの能力の根底にあるとされる大脳の機能や構造に明確な性差があるという一貫した結果はまだ得られていません。

なおこの性差は、進化心理学的には「人間の祖先が集団生活を始めた頃、男性たちは遠くまで狩りに出かけて住み家に帰ってくるために空間認識能力が必要であり、残った女性たちは助け合って家を守り子どもを育てるために対人能力が必要とされたことの名残である」と説明されます。では現在の環境に適応するために私たちがとっている行動の特徴が進化的に獲得されるのにはどのぐらい長い時間がかかるのだろうか、と考えてみるのも興味深いことでしょう。

さて、心理学的研究で「男性は女性より空間認識能力が高い」と言える場合、おそらくその得点の分布は図1のようになっており、統計的検定の結果、2群の平均値の間（⇔）に有意な差がみられたということになります。

しかし図からもわかるように、男性の平均得点よりも高得点を取る女性や、女性の平均得点より低い得点を取る男性は一定の確率で存在します。地図を読んだり設計図を書いたりするのが得意な女性もいれば、それらが苦手な男性もいるという日常的・個別的な実感と、「男性は女性より空間認識能力が高い」という一般化された言説が両立することを理解するのは、心理学科で取り組んでいる pSTEM（Psychology STEM）の学びの基礎であり、ステレオタイプを吟味するうえでも必要な視点でしょう。

ステレオタイプ自体は、私たちが経験するさまざまな現象を効率的に認識し、自身の知識体系に取り込むという、生きていくために不可欠な認

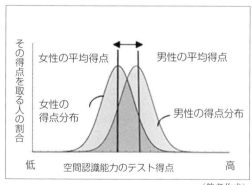

（筆者作成）

図1　能力の性差に関する架空の例

知の産物です。また例えば「女性ならではの細やかな気遣いができること」がその人のアイデンティティを支える大きな要素となっている場合もあるかもしれません。重要なのは、必要な時にはこうしたステレオタイプに科学的な根拠があるかどうかを判断できる力、そして自身のうちにあるステレオタイプが自身の行動にどのような影響を及ぼすかに考えを巡らすことができる力ではないかと私は考えています。

2. 失敗と賢さ

　かつて、達成動機（ある目標に対して優れた基準で成し遂げようとする動機）における性差を説明するために「成功恐怖」という概念が提唱されました。この理論によれば、達成動機の高い女性は、従来の性役割観によって男性より大きい成功をおさめてしまうと社会的に拒絶されるのではないかという不安を覚えるため、成功したいが成功したくないという両価的な葛藤を経験すると考えられていました。現在では成功恐怖は女性に特有のものではないとされていますが、達成動機と成功／失敗に対する態度との関連を検討する研究はしばしば行われています。

　私自身の研究では、「決断力がある」、「きちょうめん」、「ドジな」などのように行動の特徴を表す単語リストに対して、男女大学生と成人女性（会社員）の3つの集団に、それらが自分自身にどの程度あてはまるかを回答してもらったことがあります。「決断力がある」にあてはまると答える人は「行動力がある」にもあてはまると答える傾向がある、というような相関関係を総合して自己に対する評価次元を見出す分析を行ったところ、興味深い結果が得られました。女子大学生では「ドジな」、「おっちょこちょい」、「うっかりした」などの失敗傾向を表す言葉は「のんきな」、「のんびりした」、「おっとりした」などの言葉と共通の性質を持つのに対して、男子大学生と成人女性では失敗傾向を示す単語は「無能な」と結びつくことが示されたのです。また、日常生活における失敗行動の頻度を尋ねる尺度を用いて男女大学生に調査を行ったところ、男子大学生では自己評価が低いほど失敗を多く報告する傾向があることが示されました（山田 2007）。

　以上の結果から、全体的に女子大学生では失敗しやすい特徴が男子学生ほ

どネガティブに捉えられていないのではないかと推測されます。しかし女性が社会に出て仕事場面で何らかの評価を受けるようになると、「ドジ」であることはネガティブなものに変わっていくのかもしれません。この結果をゼミで紹介し、併せて「アニメや連続ドラマのヒロインのパーソナリティの記述には『ドジな』という言葉がよく使われる（これも一つのステレオタイプかもしれません）。ドジなヒロインがドジゆえに素敵な彼に愛されたり、ドジなりに頑張って地球を守って戦ったりする。男性の主人公ではどうだろうか？」と尋ねてみると、アニメに詳しい学生がいくつか作品を探してきてくれました。これらのヒーローたちは「弱虫」だったり「能天気」だったりして「ドジ」とは少し違うようにも思われますが、このテーマについてはゼミで引き続き考えていく予定です。

　ところで、医療や産業、交通の領域ではしばしば人間が起こす失敗（ヒューマンエラー）が重大な事故につながり、深刻な被害をもたらします。そのため、これらの領域では重大事故の検証を行うだけではなく、事故には至らなかった一歩手前の事例も「ヒヤリハット」として収集し、その内容を検討してヒューマンエラー防止に役立てようとしています。しかし自分の失敗を報告することにはどうしても「評価が下がったらどうしよう」「人には言いたくない」といった不安や抵抗が伴います。開放的なリーダーと支配的なリーダーの２グループでヒヤリハットの報告数を比較すると前者のほうが多く、自由に各自の失敗について話し合える雰囲気が失敗防止に役立つのでは、と考察している研究もあります。

　これらの重大な失敗と、私たちが日常生活の中で経験するちょっとしたミスやルール違反は認知的に似た性質を持っています。失敗に対してオープンである態度が失敗防止に役立つとすれば、「ドジ」を「おっとりした」と同じような特徴と捉えることのできる女子大学生の鷹揚さは強みになることがあるかもしれません。また、近年教育場面に多く導入されているアクティブラーニングの手法では、学生に「失敗を怖がらないで能動的に行動すること」を求めますが、その際には失敗を怖がらないですむ評価的でない雰囲気づくりとともに、個々の学生が失敗に対してどのような態度を持っているのかを把握しておくことも有効ではないかと思われます。

　人間の心と身体のしくみが現在のようである以上、失敗を完全になくすこ

とは不可能であるとしても、失敗のメカニズムを研究することで防げる失敗があるならそれを防ぎたい、と当初は考えていました。医療過誤が起こった病院の関係者や、自分の過去の決断が誤りだったと繰り返し語るクライエントと話している時に感じた「起こってしまった」失敗の重みは、それさえ起こらなければ、と考えずにはいられないものでした。しかし失敗への向き合い方によっては多くを学ぶことも可能です。次第に私は失敗防止に加え、人が失敗をどのように受け止めるのか、失敗が起こってしまった後にどうするのかに関心を持つようになりました。最後に、このことに関連する二つの概念を紹介します。

　一つは「対人場面での賢さ」と言われることもある情動知能（Emotional Intelligence, EI）です。情動知能は従来のアカデミックな側面での賢さを表すIQ（知能指数）になぞらえてEQと呼ばれることもあり、近年では「EQを高める」ことを謳った実用書も多く出版されています。情動知能は自分自身と他者の感情を適切に認識し、それをコントロールし、行動にうまく活かせる力だと考えられています。もう一つのレジリエンスは、日常生活で経験するさまざまな困難やストレスから立ち直る力と定義されています。

　この二つの概念はどちらも社会生活での成功や精神健康に関連する概念として多くの研究が行われており、それぞれにパーソナリティ特性のように安定した側面と、学習や訓練によって伸ばすことができる獲得的な側面があると考えられています。これらを参考にして、失敗してしまった後の自分の感情にどのように向き合うか、現実的なダメージコントロールのためにどう行動したらよいかなど、失敗を通して、賢く幸せに生きていくための強さについて考えていきたいと思います。

【参考文献】

山田尚子（2007）『失敗に関する心理学的研究——個人要因と状況要因の検討』風間書房

4 自由な女性であるために
──共通科目「女子学」のねらい

池田 太臣

1. 甲南女子独自のちょっと変わった科目

　本学には、他大学にはないちょっと変わった名称の授業があります。それが「女子学」です。この授業は、2016年度から開講されています。本学では、2014年度に共通教育の見直しが行われました。その際に新たに追加された科目の一つが、この「女子学」です。本章では、この「女子学」の授業について説明します。

　「女子学」は特定の学部学科の科目ではなく、共通教育の科目の一つです。5人の教員によって行われるオムニバスの講義であることが一つの特徴です（もちろん、わたしもその1人です）。この5人も一つの学部・学科に所属しているわけではなく、2学部3学科にまたがっています。この5人の選ばれ方もちょっと変わっています。通常、学部学科をまたいだ科目を設定する場合、「各学部や学科から1人」という形で集められることが普通かと思います。しかし、この5人はそうやって集められたメンバーではありません。同じ関心を持った教員が全く自主的に学内で研究会を行っていたところに、声がかかりました（この研究会は「女子学研究会」として、外部にも開かれた形で、現在も存続しています。関心のある方は、「女子学研究会」で検索してみてください）。自分たちの授業の評判について自分たちで語ることほど愚かなことはありませんが、毎年、受講生は定員ギリギリにまで達します。その意味で、とりあえず本学の学生たちの興味はひけているといえるでしょう。

　この「女子学」の開講初年度にあたる2016年度のシラバスでは、授業のねらいが以下のように説明されています。

　本講義は、近年急速に広がってきた「女子」という言葉に注目し、その言葉の背後にある、女性の新しいライフスタイルを明らかにしようとする、

学問横断的なオムニバスの講義である。具体的には、マンガ・アニメや
ファッション、写真などの女性の趣味的な領域を対象とし、そこでの女性
の（男性と比較した場合の）新しい行動や思考の様式を明らかにする。本
講義で「新しい女性のライフスタイル」を学ぶことによって、従来の女性
像を相対化し、学生たちがより自由に自分のライフスタイルを考えること
ができるようになることを目指す。

　この授業のねらいのポイントは、2点あります。一つ目は「マンガ・アニ
メやファッション、写真などの女性の趣味的な領域を対象とする」ところで
す。政治や経済、社会問題といったスタンダードな領域ではなく、「趣味的
な領域」に注目するところが特徴です。以下に、2016年度のコースアウト
ラインも載せておきます（2021年度は少し変わっている部分もありますが、大
きな変更はありません。また、担当者も変わっていません）。（　）内は担当教員
名です。

1. 女子学とは何か？〜全体のガイダンス（5人全員）
2. 鉄子は増えたのか？（信時哲郎）
3. ミス・コンテストの歴史と現在（信時哲郎）
4. 表現するカメラ女子（馬場伸彦）
5. 写真の中の女子表象（馬場伸彦）
6. 写真史における女子写真家（馬場伸彦）
7. オタク女子1〜オタク史の中の"女子"（池田太臣）
8. オタク女子2〜メイドカフェという場を考える（池田太臣）
9. 女子とファン活動（池田太臣）
10. 女子とマンガ・アニメ文化1（増田のぞみ）
11. 女子とマンガ・アニメ文化2（増田のぞみ）
12. 女子とマンガ・アニメ文化3（増田のぞみ）
13.「女子」の誕生（米澤泉）
14.「大人女子」という生き方（米澤泉）
15. 女子のチカラ（米澤泉）

　具体的な授業の題目を載せることで、イメージしやすくなったかと思います。「女子学」での対象は、鉄道趣味、写真、マンガやアニメ、オタク（メイドカフェを含む）、ファッションといった趣味領域での現象を取り上げています。いうまでもなく、学生たちにとって"自分たちのことについて考えやすい材料"という考えで提供しています。

　二つ目は、「女子」という言葉ないし現象に注目する点です。講義名にも「女子」が入っています。これがこの授業の大きな特徴です。でも一体、「女子」とは、いったいどんな意味なのでしょうか。

2.「女子」という現象

　河原和枝（本学人間科学部文化社会学科）が明らかにしているように、「女子」という言葉自体は、比較的に古い言葉です（ここでは「女子」や「女性」の言葉の意味の変化に詳しくは立ち入りません。関心のある方は、河原の論文をご覧ください〔河原 2012〕）。河原が指摘するように、「女子」という言葉は、もともとは単に性別を指す言葉でした。たとえば、現在でも、「女子トイレ」や「女子サッカー」という場合、「女子」には「女性の性別」という意味しかありません。「女子大学」の「女子」も同様かと思われます。

　戦後のフェミニズム運動の中で、「女性」という言葉が使われ、法律においても「男女雇用機会均等法」（1985 年公布）などで「男性」「女性」が使われました。そうした民主化の流れの中で、女性を指す言葉としては「女性」が一般的になっていきます。他方で、「女子」は、「女の子」の意味の方に限定されていきます。

　しかしながら、2000 年代に入ると、ふたたび「女子」という言葉が、脚光を浴びます。そしてそれは、従来になかった新しい使われ方でした。

　ここで、2000 年代から広まってきた「女子」の新しい使われ方について整理しておきたいと思います。わたし（池田）は、おおまかに３つにわけられると考えています。つまり、(1) 女子力、(2) 女性同士の絆、(3) 男性的趣味領域への進出、の３つです。以下、この３つについて簡単に説明しておきます。

　まず「女子力」です。この言葉の出どころは、漫画家の安野モヨコが雑誌

『VoCE』（講談社）に連載した「美人画報」と言われています（安野 2001）。安野の使った意味は、女性の美しさや男性を惹きつける力といったものでした。つまり、「対男性」の意味合いがありました。この後、消費を煽る言葉として拡大していきました。現在は、対男性だけでなく、広く対社会的な女性の能力を指すようになりました。

　つぎに（2）女性同士の絆です。女性同士の絆を指す場合に、「女子」という言葉が使われる傾向にあります。たとえば、「女子会」「女子旅」などがこの事例にあたります。

　最後に（3）男性的趣味領域への進出です。それまで「男性的」として扱われてきた（あるいは、そう思われてきた）趣味領域に、女性が「参入してくる」という現象が起きると、その女性たちは「女子」と呼ばれる傾向にあります。たとえば、「（アニメ）オタク女子」や「カメラ女子」、最近では「筋肉女子」や「ワークマン女子」という言葉も生まれました。これらの現象は、さまざまな事情のもとで、"女性が不可視化されてきた領域"あるいは"排除されてきた領域"に、女性が現れてきた点で共通です。そしてそういう女性たちに対して、「女子」という言葉を使っています。

　この場合の「女子」が表現していることは何でしょうか。それは、男性的なものへの違和感・異議申し立て・挑戦と言えると思います。もちろん、本人たちがそう思っていない場合も多いかと思いますので、「意図せずに」と言う方が適切かもしれません。あるいは、そこまで言わずとも、新しい趣味のスタイルや感性を提示しているとは言えるでしょう。それは、新しい選択肢であり、発明です。いずれにせよ、ある男性的な趣味領域における、権力関係の変化をもたらす存在として「女子」がいるわけです。

3. なぜ「女子」なのか？

　このような「女子」に注目する意味は、何なのでしょうか。「女子」の存在から、概して何が言えるのでしょうか。

　伝統的な家族関係が維持されていた時代、女性は「よき妻」であり、「よき母」であることを強いられてきました。「男女雇用機会均等法」以後は、女性は「男性並みに」「男性と同じように」働くことに努力してきたと思い

ます。しかし、どちらも「対男性」であること、男性を意識した位置取りであることには、変わりがありません。

　しかし、現代の「女子」は、ちょっと違うように見えます。男性からも解放され、役割からも解放されて、より“自分らしさ”を楽しんでいるように思われます。だから、趣味においても「男性的だから」とか「女性的だから」とかをあまり意識せずに、自由に活動しているのではないでしょうか。つまり、「対男性」よりも、「対自分」「対同性」を意識して活動する女性たちが増えてきたといえます。そういう女性たちを「女子」と呼んでいるわけです。

　それでは、そうした、とらわれない自由な女性たちが、なぜ「女子」という言葉と結びつくのか？　それは、やはり「女子」という言葉が、「女の子」というニュアンスを持っていることに関わると思われます。河原は、次のように述べています。

　　当時、「女子」という呼称は、バブルとその後の失速経済を経験した世代が、男性に対して肩肘張って女性の権利を主張するのでなく、女性として媚びるのでもなく、軽やかに仕事をしようとするスタンスから、戦略的に採用したといえよう。(河原和枝 2012: 19-20)

　つまり、新しい「女子」に込められた意味合いは、次のように説明できます。従来の「女性」という言葉は、成熟した大人の女性、堅苦しいイメージです。他方で「女子」は、無邪気、自由といったイメージがあります。「女の子」の意味合いの持つ“無邪気さ”や“自由さ”を、大人の女性が使うことで、自分たちの解放された、自由なライフスタイルを言い表そうとするセンスがあるように思われます。だから、新しい女性と「女子」が結びついたのではないでしょうか。

4. 自由な女性であるために──女子学の授業ねらい

　女性は、より自由に趣味を／人生を楽しむようになりました。そして、従来のステレオタイプの女性から自由になるために「女子」という言葉を使っ

ています。この「女子学」の授業では、現代的な「女子」の意味で、すなわち「新しいライフスタイルや感性を持った女性」という意味で「女子」現象に注目しています。そして「新しい女性のライフスタイルや感性」を学ぶことによって、学生たちが“従来の表現”や“行動スタイル”を相対化し、より自由に自分の人生について考えることができるようになることを目指しています。

　新しい女性＝「女子」たちの文化的行動を主として研究する学際的な学問を、われわれは「女子学」と呼んでいます。ただ、「女子学」という呼称は、われわれ独自のものであって、学問的に認められているものではありません。この点は留意が必要でしょう。しかし逆に言えば、本学独自の科目ともいえます。

　甲南女子大学は、いうまでもなく「女子」大学です。ただ、本学が公式にこの「女子」という言葉に特別な意味を見いだしていることはまったくありません。この授業での「女子」の解釈をあえて結び付けて語るならば、本学は“自由な女性”“これまでにとらわれない女性”を応援する大学といっていいでしょう。この授業の存在する意義を考えるならば、“自由な女性であるために”身近な趣味的題材から考える機会を提供すること。そこにあるといえます。

【参考文献】
安野モヨコ（2001）『美人画報ハイパー』講談社

河原和枝（2012）「女子の意味作用」馬場伸彦・池田太臣編著『「女子」の時代！』青弓社

5 環境に配慮した暮らし

中野 加都子

1. 転機の中心にいた女性

　産業革命以降の急速な技術革新、産業の発展によって、人間生活の利便性は著しく高まり、生活水準も飛躍的に向上しました。しかし、先進国が産業と経済の発展を重視したことによる自然破壊は、人類の生活場所である地球に悪影響を与え始めていました。

　レイチェル・カーソン（Rachel Louise Carson）は、『沈黙の春』（1962年）という著書によって環境を汚染する化学薬品や殺虫剤の問題を提示し、世界に衝撃を与えました。この頃のアメリカは、高度経済成長期を迎え化学メーカーなどの大企業が絶大な力を誇っていた時代です。

　1972年には、当時のマサチューセッツ工科大学のデニス・メドウズ（Dennis Meadows）らがローマクラブへの報告として『成長の限界』を発表しています。ローマクラブは深刻化する天然資源の枯渇、環境汚染の進行、途上国における爆発的な人口増加等の人類の危機に対して、それらの回避の道を探るために1970年に設立された民間の組織です。『成長の限界』は、現在の状況がこのまま継続すれば、世界経済の成長は100年以内に限界が来るという内容でした。未来を無視した開発によって、地球の資源が使い果たされることが既に予測されていたのです。

　同報告の発表から15年後の1987年には「環境と開発に関する世界委員会（ブルントラント委員会）」による報告書が発表されます。その報告書『我ら共有の未来（Our Common Future)』のなかで提唱された「Sustainable Development (SD)」という概念は、その後、地球環境問題解決策のキーコンセプトとして国際的に様々な影響を与えています。現在、世界の共通目標とされているSDGs（Sustainable Development Goals）のキーワードとなっている「持続可能性」もこの頃からはっきりと認識されはじめたと言えます。

　ブルントラント委員会の委員長とつとめたグロ・ハーレム・ブルントラ

ント（Gro Harlem Brundtland）は、女性であり、母であり、最年少でノルウェー首相となったことで知られています。レイチェル・カーソンも女性です。グリーンベルト運動（植林活動）を通じて環境保護と民主化へ取り組んだ功績が評価され、環境分野として初めてノーベル平和賞を受賞（2004）したケニアの環境副大臣（当時）ワンガリ・マータイ（Wangari Muta Maathai）も女性です。マータイは、日本語「もったいない（MOTTAINAI）」が、資源の有効活用、3R（Reduce、Reuse、Recycle）を一言で表す言葉であり、さらに命の大切さや、かけがえのない地球資源に対する Respect（尊敬の念）という意味も込められていることを世界に知らせたことでも知られています。

　最近の例では、2018 年後半に学校で気候変動に関わるストライキとスピーチを開始して以来、若者として世界的な環境活動家として知られるようになったグレタ・エルンマン・トゥーンベリ（Greta Ernman Thunberg）も女性です。

　他にも社会全体が危機にさらされ、転機を迎えた時に、「先見性によって時代を動かしてきた人物」として女性が登場しています。これまでの女性の活躍を振り返ると、モノによる発明や技術革新というよりは、人間のあるべき姿に対する素直な問いかけ、環境問題の存在を初期段階からかぎとる直感力、価値観や方向性に対する共感を得る力によって社会を変革してきたように感じられます。

　レイチェル・カーソンが『沈黙の春』を出版した当時、社会で力を持っていた化学メーカー等から「素人だ」「女は理性的な考えができず、感情的すぎる」といった、研究成果には関係のない言葉を浴びせられ、批判されてきた話はよく知られています。この例にみるように、環境問題が重要な政治課題、社会的課題になるにつれ、それぞれの社会で権力を持つ人々から批判、攻撃を受けながら、彼女らは信念を持って社会を変革してきたのです。

2. 社会的背景に順応した「所有」の価値観──新しいリデュースの形

　産業公害による大気汚染、水質汚濁等の環境問題にさらされていた時代の消費者による代表的な環境保全行動としては、使い終わったてんぷら油はそ

のまま流しに捨てない、洗濯には合成洗剤ではなく粉せっけんを使う、無農薬食品を購入する等のことがありました。多くの女性の細やかな環境保全型生活行動によって生活を取り巻く環境は徐々に改善されてきました。日常の消費生活に関しては、3R（Reduce、Reuse、Recycle）を実践することが、当面の重要な目標となっています。2020年7月からはレジ袋有料化も義務づけられ、消費者のライフスタイルの変革が急がれているところです。

　そうした基本的な取り組みに加えて、現在では、たとえば「ベビー用品はレンタルや貸し借りで十分」「自分の車を持たずカーシェアリングやカーリースで十分」、衣類等についても不用となったものはスマホアプリで簡単に売り買いするなどの生活様式が普及しはじめています。このような「所有」に対する価値観の変化によって、大量生産、大量消費、大量廃棄型社会の頃と比べて、モノの消費という点で、結果的にリデュースの実現、資源の節約に効果をあげています。

　「所有」に関する価値観の変化に大きな影響を与えているのがスマートフォンの普及、急速なソーシャルメディア、モバイル、リアルタイムウェブ等のテクノロジーの進化です。コンパクトでありながらパソコンに匹敵する高度な機能を備えたスマートフォンは、私たちの情報収集やコミュニケーション、移動や購買行動など生活の様々な場面に影響を与えています。

　必要な時に一時的に所有者となり、使わないものは必要とする人に提供するというスタイルは、「シェアリングエコノミー」への動きと言えます。シェアリングエコノミー（共有経済）とは、「インターネット上のプラットフォームを介して個人間でシェア（賃借や売買や提供）をしていく新しい経済の動き」（一般社団法人シェアリングエコノミー協会の公式サイトより）とされています。

　PwC（プライスウォーターハウスクーパース、世界4大会計事務所の一つ。巨大コンサルティングファーム）によると、2013年に約150億ドルの市場規模が2025年には約3350億ドル規模に成長する見込みとなっています（図1）。

　従来のビジネスは、事業者が消費者にサービスを提供するBtoC（Business to Consumer）サービスであったのに対し、シェアリングエコノミーでは、基本的に個人同士で取引をするCtoC（Consumer to Consumer）サービスとなり、事業者はマッチングの場であるプラットフォームを提供するだけとな

ります。

　一般社団法人シェアリングエコノミー協会では主流の事業を①空間のシェア、②移動のシェア、③モノのシェア、④スキルのシェア、⑤お金のシェアの５種類に分類しています（表1）。

　三菱総合研究所は、シェアリングサービスの普及がもたらす社会・経済への影響を「シェアリング・エフェクト」と定義し、メルカリと共同で、シェアリングエコノミーに関する研究を実施した分析結果を発表しています

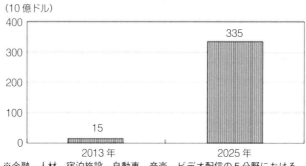

※金融、人材、宿泊施設、自動車、音楽、ビデオ配信の５分野における
　シェアリングを対象

（出典：PwC「The sharing economy - sizing the revenue opportunity」）

図1　シェアリングエコノミーの市場規模

表1　シェアリングエコノミーの５類型

シェアの対象	概要	サービス例
空間	空き家や別荘、駐車場等の空間をシェアする。	Airbnb、SPACEMARKET、akippa
移動	自家用車の相乗りや貸自転車サービス等、移動手段をシェアする。	UBER、notteco、Anyca、Lyft、滴滴出行
モノ	不用品や今は使っていないものをシェアする。	Mercari、ジモティー、air Closet
スキル	空いている時間やタスクをシェアし、解決できるスキルを持つ人が解決する。	Crowd Works、アズママ、TIME ICKET
お金	サービス参加者が他の人々や組織、あるプロジェクトに金銭を貸し出す。	Makuake、READY FOR、STEERS、Crowd Realty

（出典：総務省「ICTによるイノベーションと新たなエコノミー形成に関する調査研究〔平成30年〕）

（2019年2月）。それにより、フリマアプリを介して「モノのシェアリング」を行う消費者は、モノに対する価値観が「所有」から「利用」に変遷することによって、従来とは異なる消費行動をとることを明らかにしています。主な調査結果は以下のとおりです。

- モノのシェアを日常的に行う消費者は、「売却」を意識して新品を購入する
- 消費者の一部は、売却金額を念頭におくことで、新品購入が増加、あるいは購入する商品ブランドが高価格帯に遷移している
- シェアリングサービスの普及により、従来とは異なる消費行動が発生している

ICTの普及は私たちの暮らしを大きく変えてきました。ネットショッピングやソーシャルメディア、動画配信サービスなどの利用も着実に広がり、近年のスマートフォンの普及がこれを加速させています。

買い物をする機会が多い女性にとっては、所有に対する価値観を変えることによって、愛情をもって大切に使い続けるものについては生涯にわたって自分が所有者となって大切に持ち続ける、限定した期間のみ必要なものは一時的な所有者として必要な期間だけ「利用」する、ただし、自分が所有の責任を持つ期間は、リサイクル、処理についても責任を持つという価値観に転換していくことが、結果的に資源の節約につながる新しいリデュース対策となる可能性があります。

3. 環境に配慮した暮らしに向けて

産業公害時代には加害者と被害者が明確であり、特に健康被害について環境問題の発生源である事業者にその責任が求められました。大量生産・大量消費・大量廃棄時代には、大量消費・廃棄を行う消費者は被害者であると同時に加害者でもあるという立場に変わりました。構図に変化があるものの、ここまでの問題は、BtoCサービスを基本とするビジネス形態の中で起こってきたものでした。しかし、社会全体でインターネットの利用を背景に、個

人同士で取引をする CtoC サービスが普及しつつある現在では、環境問題への取り組みもまた、個人の価値観、考え方によって個人的に実行することが可能となっています。

コロナ禍により迎えた危機（Crisis）は、新しい機会（Chance）ととらえることもできます。たとえば、学習の場の一部を大学から自宅に変える、ステイホーム期間中に自分の裁量で学習時間を決めることも可能であり、正しい知識に基づいた自分の納得できる消費行動によって環境に配慮した豊かな暮らし方を実現することも可能です。

そして、豊かな暮らし方を実現するために何が重要かに気づく基本となるのは、知識や教養、それに基づいて個人の価値観を育てること、自然に活かされていることを知り自然を活かすための自然を意識した行動に向かうことと言えます。

時代の転換期をポジティブにとらえ、自信ある女性として生きていくために、ぜひ、それらのことを実現してほしいと思います。

【参考文献】

一般社団法人シェアリングエコノミー協会「最新のシェアリングエコノミー 領域 map」（2020 年 3 月）　https://sharing-economy.jp/ja/news/map202003/

三菱総合研究所「メルカリとシェアリングエコノミーに関する共同研究を実施　シェアリング時代の新たな消費モデルは『SAUSE』に」（2019 年 2 月 26 日）　https://www.mri.co.jp/news/press/i6sdu60000006rd5-att/nr20190226.pdf

6 企業と女性問題、さぁ、どうする？

——わが国の企業におけるジェンダーに関する課題とその対応について

森本 真理

1. ビジネスシーンから女子大学へ

　40年前のわたしはいわゆる男女雇用均等法以「前」の4年生大学卒業女子学生でした。この法律の是非はここでは議論せずにおきますが、少なくとも本法「前」は、本法「後」よりも、4年生大学を出た女性にとっての企業就職は確実に困難な状態でした。曰く、4年も大学で時間を過ごした女性は短大卒業者に比べて2年も老いているので就業は相応しくないと。曰く、下宿をしている女性は、親の目が届きにくく自由な暮らしをしているため、避けたほうが無難だと。セクハラまがいは当たり前、飲み会のお酒のお酌は新入社員女性の安定した仕事でした。大学内では性別は関係なく実績を評価されていましたが、なぜか新卒の男女の賃金は異なる（男性が高い）のが当然とされていました。

　わたしはそんな状況下で、男女平等の賃金を提案していた唯一に近かったメーカーを選び働き始めました。会社は比較的男女差別の少ない風土であり、入社後の女性特有のお茶くみ当番については、半年ほどかけて異議を唱えたうえで男性たちの賛同を得て廃止してもらい、漠然と楽しく仕事をしていました。しかし3年目に少し気になる事件が起こります。男性の同期社員が一斉に副主任という役に昇進したのに対し、女子の同期社員は一人も昇進しなかったのです。今考えたら年功序列という年齢で評価するという明確な基準を持った固有システムすら無視した出来事でした。問題意識の低かったわたしは、あれっ？と疑問に思いましたが、何も行動せずさらに1年を楽しく過ごしました。しかし、その翌年も女性は誰も昇進しなかったのです。さすがにおかしいと思い上司に相談すると、その上司はエリザベス女王を尊敬する英国元駐在員だったので、これは変であると言って調べてくれました。すると本来従業員の味方である組合から、「彼女は女性なので昇進は無理です。

他の女性も同じです」と回答してきたのです。その上司がさらに社内でエスカレーションしてくれたため、本件は経営層にまで伝わり、わたしの仕事振りをどこかで見ていてくれた役員がおかしいと主張してくれ、わたしは２年遅れで年功序列昇進を果たしました。

　今なら笑い話かもしれませんが、世界経済フォーラムの発表するジェンダー・ギャップ指数120位（2021年）問題を考えると、40年もたったのに、産業界はまだわたしの年功序列無視事件のころに似た段階ではないかと恥ずかしくもなります。本稿では、実務家教員として、主に企業で働く女性に焦点を当てて、甲南女子大学における女性教育について考えを深めたいと思います。

2. 企業におけるジェンダー・フリー？

　３月８日の国際女性デーに合わせて、各新聞が企業の女性の就労関連のデータを提供していました。2020年度時点で女性管理職割合は平均7.8％と前年から微増にとどまるとか、女性社長比率は全国8.0％で前年から20年ぶりに変動なしというネガティブトーンの情報があれば、女性役員が２年で1.6倍に増加したというポジティブな言い方もありました。しかし何にせよ、グローバル水準に遠いことは紛れもない事実です。

　2003年、小泉政権下で2020年までに指導的地位に女性が占める割合を30％程度にするという数値目標が発表されました。それから17年もたった結果が、既述の上記数値です。そしてついに昨年（2020年７月）政府は次年度から新たな男女共同参画の計画策定と称して、この割合の達成を20年代の可能な限り早期にと言い直し、問題の先送りを決定しました。2030年には無理であるという声明をあっさり出したのです。一方、経団連が３月８日に、新任の副会長として、全体の副会長人数を２名増加するという前提条件下ではありますが、DeNAの南場智子氏を女性初の副会長として迎えるとの発表を行いました。ああ、やっとだと個人的に喜んだわたしは、日経新聞に載っていた彼女のインタビュー記事を読み、違和感を覚えました。南場氏は「男女関係なく頑張った結果でのみ評価されるべきと言っている」と書いてあったのです。新聞記事とご本人の意図は明確ではありませんが、おそら

く南場氏の言わんとすることは、昔と違い女性も結果を出せば評価はついてくる時代になっているということではないかと推察しました。なぜなら、わたし自身も企業で働いている間は、ずっと同じ考えだったからです。その状態はある程度事実ではあるのですが、企業で働く女性全体にとってはどうでしょうか。

　女子大学に教育の場というご縁を得て、広く女性問題を考える場に参加することになり、また、歴史的な出来事・コロナ禍を経験した今のわたしは異なる意見をもたざるをえません。なぜなら、仕事の成果において男女個体差を考慮しないという点は、基本的に賛成なのですが、それは過去のわたしの様に、ある条件と環境を手にいれた人がいえることでないかと考えざるをえない状況だからです。まずは120位問題です。120位は政治・経済・教育・健康面の4方面の総合点で国際的に検討された結果の「改悪」です。それを目の前にして、わが国のジェンダーの問題は小さい、あとは個人の努力次第であるとはとても言えません。次に、後述するコロナ禍があぶりだした女性の非正規雇用問題です。わが国の企業の今までの成長は、女性の家事労働をはじめとした女性たちの犠牲に大きく依存している存在であると受け止めざるをえないからです。仕事という前提を超えて、さらに一歩進んで、ジェンダー概念から自由になろうという考えにわたしは大いに共感をもっている一人です。しかし出産できる人間はいまだに女性のみであり、出産・育児・介護等のライフイベントが大きくかかわる企業での働き方については、決してジェンダーはフリーではなく、不平等という課題があることを認めた上で、改善策を考えるべきであると改めて思っています。

3. 2019年からのジェンダー・マター！

　2021年3月2日公表の労働力調査によると、2021年1月の女性就業者数は前年同月比20万人減の2950万人であり、そのうち非正規の女性労働者数は前年同月比68万人減の1407万人でした。この数字には二つの問題があります。一つ目は、同じ非正規という立場でも女性の68万人減は、男性のそれの実に3倍超であるということです。次に、そもそも女性の非正規率が約半分と高水準であるということです。2021年3月4日にＥＵの欧州委員会は、

企業に男女賃金情報の開示を義務づけ、違反企業に罰金を科すという男女賃金格差の是正法案を検討するという方針を発表しました。人口の半分を占める女性の不平等は、国の発展にとり重要な課題であるとの考えからでしょう。わたしが新卒で就業した時は、既述のとおり、日本は男女賃金格差が当たり前でした。この30年で正社員の男女賃金格差は縮小してきていることも事実です。しかし、日本の男女賃金差は2019年において約3割（男性の方が高い）であり、ＥＵ平均の14.1％に比べるといかに深刻な状況か理解いただけるでしょう。その大きな原因が女性の就労者の半分が非正規雇用者であるということなのです。2019年に始まった新型コロナウイルスは女性をいろいろな形で苦境に立たせました。非正規職による雇止めはもちろんですが、休校で家事負担の増加や保育園がコロナ禍で活動制限を受けたことによる育児負担増のために休業を余儀なくされ、それがまた失職につながるという悪循環を生んでいくのです。仕事への復帰もおそらく困難さを増していくでしょう。

　一方で、グローバルな世界に目を向けると、コロナ禍は女性リーダーの手腕を際立たせました。台湾の蔡英文総統や、ニュージーランドのジャシンダ・アーダーン（Jacinda Ardern）首相は、決断力とチームワークによる実行力で早期のウイルス封じ込めに成功しました。ドイツのアンゲラ・メルケル（Angela Merkel）首相のスピーチに、わたしも勇気をもらい、もう少し頑張ってステイホームを我慢しようと思ったのを覚えています。そして2019年にはもう一つわたしを驚かせた出来事がありました。若い女性たちの活動です。一人はスウェーデンの当時高校生のグレタ・トゥーンベリ（Greta Thunberg）氏で、きっかけは国連気候行動サミットでの演説でした。彼女の活動は2019年以前から際立っていましたが、あまりに彼女が若いのでわたしはしっかり彼女をフォローできていなかったのですが、そのスピーチを聞き、わたしも行動しなければと思いました。世界中の学生、女子学生、そして大人たちに勇気を与えてくれました。もう一人は、香港浸会大学の女子学生で市民活動家のアグネス・チョウ（Agnes Chow Ting、周庭）氏です。彼女の日本語のスピーチを聞くたびに、あの巨大で恐ろしい北京に向かって声をあげている勇気に脱帽しています。この二人は、体つきもきゃしゃでとてもあんな強いメッセージを出す女性には見えないのですが、粛々と行動を起こし世界中に影響を与えていることに対して、わたしは正直に感動を覚え

るとともに、大人として彼女たちのメッセージと置かれている状況を真面目
に受け止めないといけないと考えています。若い人々は怒っているのだと。
今までにも世界中で影響力を及ぼした女子学生や男子学生はもちろん沢山い
ましたが、2019年に焦点を当てたのは、コロナ禍と私が大学教育に関わり
始めたからということす。

4. 企業のジェンダー課題に対して何をしましょうか!!

さて日本の企業に話を戻しましょう。なぜ女性の進出が進まないのか企業
の人事の方に聞くと、女性の担当者を含めて以下の答えが返ってきます。上
述した2020年までには、企業の女性役職者を30％にしようという2030と
いう宿題があり、近年の企業の積極的取組必須事項であるSDGs（No.5：ジェ
ンダー平等を実現しよう）を達成するためにも企業としては必死に女性管理
職や経営者を育てたいと考え、研修等も豊富に用意するが管理職になりたが
る人が少ないのです、と。では、こういう事態を打開するために何をすべき
でしょうか。なぜ管理職になる人が少ないのかについてはここでは詳細は割
愛しますが、わたしは女性たちの置かれている状況から彼女達はそうせざる
をえないのだということだと考えました。ここで二つの対応策を提案したい
と思います。

社会制度設計と甲南女子大学での教育の二つです。社会制度設計とは、数
年前に導入されたもので、わたしが企業人として強く反対していたポジティ
ブアクション、すなわち（役職などの）人数クォータ制の再導入です。一定
数女性を役職につけるためには、出来の良くない人を役職につけることに通
じ、それは逆差別であるという男性陣とよく似た感覚を、当時のわたしは
もっていました。今思い返せば、必死に獲得してきたこの地位を、定員制の
名のもとに他の女性にあっさり機会を与えることが、ひいては自己否定に
つながる気がして抵抗したかったのだと分析します。しかし、今は違います。
企業人でなくなったからではなく、120位からわが国は一日でも早く脱出し
ないと産業界の活力がなくなるという「危機感」からです。歴史という土台
（ステージ）が無いのですから、まず土台を作ってあげる。土台を作るとは、
法的に裏付けされたシステムを導入することとわたしは考えます。法律によ

る支援と罰則を規定して、この目標の実行を確実にしていく必要があります。そのステージが出来れば、女性たちはステージ上で素晴らしく演じ、意識も変わり、競争も生まれ、実力が備わるとわたしは楽観しています。これも歳を経た経験値でしょうか。

　さて、もう一つの策は、まさに大学教育です。海外のリーダーや若い女性たちの話を書きましたが、わたしは、彼女たちに教えてもらい勇気をもらったからこそ行動を変えることができるのです。無知は罪です。しかし、「知る権利」がある場所が大学です。そして、女子大学の学生は女性しかいないのですから、女性について、女性の課題解決のためにみなで必死に学び考える機会を提供する絶好の場ではないでしょうか。最終的にはわたしはジェンダーから自由になることを目指したいと考えておりますが、そのためにも、大学という大きく学べる素晴らしい場所で、まずは女性がおかれている社会的立場や課題をしっかりと理解をすること、自分がその課題にどう対応するかということを考えること、そして解決のために行動することを学生とともに学び、考え、動きたいと思います。

5. 今日から未来に向かって‼

　先日朝、わたしの住むマンションの前の家から二人の姉妹が小学校にいくために飛び出してきました。お姉さんは緑の、妹は青のランドセルをしょっていました。ああ、もうピンクや赤でなくていいんだぁと嬉しく思いました。そして、この子たちが大人になるときのために、女性の課題を一つでも多く解決しよう、自分は主体者の一人になろうという思いをあらたにしたのでした。

【参考文献】
上野千鶴子（2013）『女たちのサバイバル作戦』文春新書
出口治明・上野千鶴子（2021）『あなたの会社、その働き方は幸せですか？』祥伝社
「コロナで進む女性不況」『産経新聞』（2021年3月8日・朝刊）
「実力勝負で経済界に挑む」『日本経済新聞』（2021年3月8日・朝刊）
「特別企画　女性登用に対する企業の意識調査／女性社長分析調査（2020）」株式会社帝国データバンク

〈女性教育と保健医療科学〉

甲南女子大学の保健医療科学とは

　甲南女子大学には看護学科、理学療法学科、医療栄養学科があり、それぞれの学科で、医療分野で貢献できる女性の育成を行っています。人間の身体の健康を担う、こうした学問領域が、いかに女性教育と密接に関わっているか、そしてこれらの学びがいかによりよい社会の創造につながっているのか、ここでは紹介していきます。

　保健医療科学分野ではまず、女性とはどのような身体を持つ人なのかという、根源的な問いを発し、女性の身体を持つということは多様であることを明示します。また、女性の身体機能を持つ人誰もが妊娠をし、母になるわけではないこと、そして、その判断は個人の自由に委ねられていることも明示します。このように女性の身体と生き方の多様性を認めた上で、女性の心身の健康のために、理学療法がどのように生涯を通じて女性の身体をサポートするのか、妊娠前後を通じて、母子健康手帳や栄養教育、女性の身体のケアがいかに重要であるかを各分野の最新の知見は、私たちに教えてくれます。

　女性の身体を大切にすることは、次世代育成、そして豊かな未来につながります。保健医療科学は、男女がお互いに身体の違いを理解し尊重することを、教育を通じて促進することで、ジェンダー平等の達成という未来の指針となっています。

1 性の多様性の観点から学生が考える
女子大学のあり方

川村 千恵子

1. 女子大学の入学資格である「女性」とは？

　女子大学における教育を探求していくにあたり、看護学・助産学を専門とする立場で「性」をどのように捉えるのかに主眼を置き議論していきます。筆者は助産師ですが、助産師はわが国で最後の女子のみという、性別によって規定された職種です。女子のみが助産師教育を受けることができ、助産師国家試験受験資格を与えられています。ここでは単に個人的な意見にとどまらず、女性の健康教育の一環として行っている講義後の学生の生の声を紹介しながら論じていきたいと思っています。

　まず、「女性」とはどのように定義されるのでしょうか。性・セクシュアリティは、性自認（Gender Identity）、性別（Sex）、性的指向（Sexual Orientation）、性表現（Gender Expression）、その他によって規定されます。これら性の多様性（SOGI：Sexual Orientation and Gender Identity, Gender Expression を含めて SOGIE とも言う）の中で「女性」とは、どの状態を指すのでしょうか、またこの問いを明確にする必要があるのでしょうか。これまでは、性別という身体の性（特に、性器の形）で性別が決定し、戸籍となり、社会で認められてきました。しかし、性別違和（Gender Dysphoria）は人口の 10％程度（LGBT 総合研究所 2019）存在すると言われており、今の社会で生きづらさを感じ、いじめや自殺など深刻な健康に直結する問題を有しています。また、この性別違和は、2013 年アメリカ精神医学会『精神障害／疾患の診断・統計マニュアル第 5 版』（DSM-5）において変更された表記であり、2014 年に日本精神神経学会が「性別違和」と訳しました。その後、2018 年世界保健機関（WHO）は『国際疾病分類第 11 回改訂版』（ICD-11）（2022 年発行予定）において精神疾患から外し、「性の健康に関連する状態」という分類の中の "Gender Incongruence" としました。日本語として「性別不合」と仮訳

されています。

　日本では「性同一性障害に関する診断と治療のガイドライン」（第4版改定）によって、思春期を迎えた小児への身体的治療である二次性徴抑制療法が追加され，18歳からとされていたホルモン療法開始年齢を一部引き下げました。2018年4月から，このガイドラインに沿ってGID学会（Japanese Society of Gender Identity Disorder：性同一性障害学会）の認定施設で行われた手術は保険診療の対象となっています。

　一方、2003年制定の性同一性障害特例法によりますと、戸籍上の性別表記の変更に、年齢が20歳以上であることが必要条件の一つになっています。これは、法的性別の変更という重大な決定において、本人による慎重な判断を要すること等が考慮されているため、成年年齢以上となっています。つまり、医療は性別違和に対して、望む性に向けて慎重に人生に寄り添い意思決定を支えるスタンスをとっていきますが、戸籍上の性別は大学入学可能年齢の時には、出生時の性別から変更することは困難となっています。性別によって入学資格に制限を設ける女子大学という高等教育について、同年代の大学生がどのような認識をもっているのか知りたいと思いました。

　甲南女子大学の全学共通科目に「女性の生涯と健康」（2単位）があり、看護リハビリテーション学部以外の学生が履修できる科目として配当されています。15コマのうち1コマを「LGBT」と題して性の多様性を取り上げ、セクシュアリティの意味、多様な性の理解、トランスジェンダーをはじめとしたLGBTQA＋の人々に対する医療の現状、学校教育や社会の中での問題を提起しました。授業の終わりに「男女を前提にしている『女子大学』についてあなたの考えを述べなさい」という課題を出し、回答してもらいました。

　授業の中では、日本の女子大学でトランスジェンダーの受け入れについての概要も説明し、本学看護学研究科は男子学生が存在することも伝えています。今回、使用するデータは、全受講生の課題提出が完了した後に、女性教育の出版企画の一つに挙げたい旨を伝え、Googleフォームを使用し、学生の同意確認を依頼しました。課題レポートの内容をまとめ、かつ誰が書いたのか個人が特定されない形で採用すること、成績とは一切関係せず、拒否する場合の不利益は一切ないことをTeamsオンライン配信ならびに文書で説明しました。学籍番号の回答は、個人を特定するのではなく、採用できる

データへのアクセス使用のみとしました。受講生 123 名中 54 名の回答があり、レポート使用許可が得られたのは 52 名でした。

　結果、女子大学における教育にトランスジェンダー（MTF: Male to Female、身体的性は男性であるが、性自認が女性である人を指す）の受け入れを明確に反対する人はいませんでした。2 名の学生は明確な賛否の記載はなく、「男性にまみれることなく女性が自立できるため、性別で分けてはいけないと聞くが、女性が社会でより活躍するために必要なこと」「女子しかいない環境で女子力を磨く授業があり、アットホームな雰囲気で学ぶこと」を自分が入学を決めた理由として挙げ、性の多様性の理解はしていきたいとも述べていました。

2. 性別についての学生の認識

　「男子の中学・高校はあるのに男子大学がないのはなぜか」「女子大学は男性からすると特別扱い」といった疑問や意見を複数の学生が挙げていました。また、「男女の差別をしないなどといったことをよく耳にするが、女子大学自体が男性をとても意識していると感じる。差別ではなくても、女性が男性を意識しすぎること自体が、男女の差を大きくしているのではないかと思った」といった意見がありました。高校までの教育では男女差を意識することが少ない時代になってきています。大学、社会に近づくにつれて現実的な問題に直面し、発生してきた疑問のように思われました。また、「男性より女性の方が『こうでなければならない』という決まりやマナーなどが多い」と感じている学生もいて、社会の中での性差を体験している意見も見られました。ここで、興味深いのは、共学化すればよいという意見があるかと想像していましたが、1 名のみで「共学」のワードが挙がってこなかったことです。「男子が女子大学に通うなら、初めから女子大学を作らずに共学にした方がいいという意見もあると思いますが、女子大学だからこそ学べる礼儀や作法があるので男子がいることが前提となってきている女子大学もいいと思う」といったように女子大学の教育への期待や意義を見出している学生ならではの結果だろうと考えます。また、一方では、「性別など色々なことにフラットな考えの国になってほしい」といった社会全体に向けた意見もありました。

「性別」について身体の性だけでなく性自認を重視した意見は多数でした。「心も身体も女性だけが入学できるシステムには正直、違和感を感じる。身体は男性であっても心が女性なら受け入れるべき」「『女子大学』に私は世間でいう『女子』しか来てはいけない場所とは思いません。見た目は男子で心は女子の人が来ていいと思うし、その逆で見た目が女子で心は男子の人が来てもいいと思う」といった意見が多数みられました。また、「体が男性でも自認する性が女性であったら女性だと考えているため、何を理由に性別を決めているかが大切だと思う」「そもそも女子の定義は決定づけられないことだと思う」「『女子大学』と言っても様々な女性の概念を含む女子大学を増やしていく必要があると思う」「女子という概念の幅を広げる必要があると思う」という意見から「女子」という性を多様化した捉え方への意見も多数を占めていました。現在の大学生が、多様性を寛容に受け入れることのできる、新しい世代であるということを感じ取れる結果でした。

3. 性の多様性と個性の重視

ここでは、性別ではなく、重視すべきは多様性の理解と個性の尊重であることの意見をまとめてみました。自分たち学生が多様性を理解し、優しく受け入れていきたいという思いが述べられています。

「男は男で女は女でみるのではなく、その人自身の個性がもっと見つめられ誰もが隠さず自分をさらけ出せる世の中になればいいなと思った」「その人が過ごしやすい環境があるのがいいと思う」「性の自認のまま自然に生きられるようになれば、素晴らしいと思う」「私たちも、なるべく当事者の方に生きづらいと感じさせないような社会づくりをしていかなければならないと思う。多様であることを当たり前と考えていきたい」「多様化する社会の中でいかに自分らしく生きていくか、性別などに囚われず、多様性を認め、広い視野を持つことが重要であると考える」「できる限り多くの人が自分らしく存在することができる社会になってほしい」「社会の当たり前になれば、性の悩みに苦しむ人は確実に減ると思う」「グラデーションが様々であるからこそ、誰もが自分らしく、ひとりひとりの気持ちを理解、支援できるような社会であってほしい。私も、ひとりひとりの良さや想いを尊重し、寄り添

えられるようになりたいと思う」「10 人いたら 10 人違う考えを持っている。人にはそれぞれ個性があるので性別だけで決めつけるのはやさしくない世界だと感じる」「それぞれの個性をプラスの方向に考えてみんなで支え合っていったらいいと思う」「優しく受け入れ、理解し、応援したいと思う」

隠さず取り繕わず自分のままで、自分らしく存在することが当たり前のようにできる社会の必要性を学生たちは感じています。そして、自分たちはもっと多様性を理解し、受け入れることを志向し、そのためには知識をもつことが必要と考えています。「女性は男性の目を気にして生きていかなければならない場面が多いと思う。目を気にしたくない人や縛られたくない人が通いやすい学校として女子大学がある」という意見がありました。今の学生が人目を気にせず、自分らしく過ごす場を意味しています。これは、学生が自分も女性という符号をもち、社会の中での性差別を受ける弱者であることを一方では感じながら、LGBTQA ＋に対して自分たちは性差別をすることなく全ての人が生きやすい、過ごしやすい環境を求め、さらに優しさを求めているように読み取れました。

4. 教育の役割

今回の学生の声には、女子大学での教育が否定されることはありませんでした。現行の教育は、女性が自立するために必要で、ジェンダーや女性についての授業があることは自分たちの将来に役立つと捉えていました。

教育の受け皿として、様々な大学が MTF を女子大学に歓迎する意見は多く、教育現場だからこそ、その役割があり、早く、柔軟に受け入れるべきだという意見がありました。MTF を受け入れることで当事者ならびに学生も人生の選択の幅を広げることができ、実際に身近に LGBTQA ＋の人と交流のある学生は、「関わるにつれて自分の視野が広くなった気がした」と述べていました。

「住みやすい、生活しやすい社会を作るには、教育機関から変えていくべきだ」「甲南女子大学を含め他の女子大学も、いつかは人の多様性を幅広く認める大学になって欲しいなと思う」「女子大学としての基準が変わり、『全ての女性』がのびのびとした女子大学生活を送ることができるようになるこ

とが必要であると考える」「もっと社会全体がLGBTに対する知識を養って、『女子大学』でもLGBTの方が授業を受けることができるような受け入れる体制を作っていかなければならないと思う」と多数の学生がMTFの受け入れを肯定的にさらに前向きに捉え、未来の教育への期待が感じられました。

「大学は今回のような授業を必修科目や選択科目として授業のカリキュラムに少し取り入れるべきだと思う」「学ぶ機会を学部・学科で設けるべき」という意見や、更衣室の問題やトイレの問題など受け入れるにあたっての具体的な対策の必要性を述べる学生もいましたが、受け入れること前提の意見でした。

知識をもつことで、その事柄を他人事から自分事へとシフトさせることができます。相手を理解するには、知識は必須で、それを可能にする場が、学校・大学です。本来であれば「義務教育から必要」と学生も述べているように、早期の段階の教育が必要です。小中高等学校においては2015年「性同一性障害に係る児童生徒に対するきめ細かな対応の実施等について」（文部科学省）で、学校における支援体制や医療機関との連携、学校生活の各場面での支援などについて具体的に示されました。それ以降、個別支援に加えて、「性の多様性」の理解、尊重について、児童生徒への指導が展開されています。しかし、2019～2020年に全国の教員約2万人を対象に行われた日高庸晴教授（宝塚大学）の調査（2021年3月23日朝日新聞朝刊）では、「教える必要はある」は75％であるのに対して、「授業に取り入れたことがある」が14％と少ない実態が明らかにされています。教員の知識の課題が指摘されていて、性の健康を専門に扱う助産師として、教員ならびに児童生徒に向け、もちろん大学生に向けても知識を提供していくことが使命と考えています。

5. 未来を紡ぐために

今回、学生の声に向き合う作業を通して、学生の柔軟性、寛容性、優しさ、そして自分の意見をしっかりと発信できる強さを感じることができました。学生は、常に、自分以外の他者を意識して受け入れようとしています。他人事ではなく自分事として引き寄せ、心を動かす感受性や、ミクロ視点から発信できる繊細さ、学生が発することを教員として助産師としてどのように受

け止めていくか。女性教育を考える様々な専門領域の立場でしっかりと考えていきたいと思っています。そして助産師としては、これから近い将来男性助産師の問題が再燃するだろうと予測しています。ケアの対象者である女性や家族のニーズと乳房ケアといった古来からある日本独特の助産ケアなど難しい問題が山積している中で柔軟性、寛容性、優しさをもって意見を発信できる存在でありたいと今回、学生の声から学びました。

【参考文献】

松本洋輔（2020）「性同一性障害に関する診断と治療のガイドライン第 4 版改」『精神医学』62（5）：779-785

文部科学省 初等中等教育局児童生徒課（2015）「性同一性障害に係る児童生徒に対するきめ細やかな対応の実施等について」

https://www.mext.go.jp/b_menu/houdou/27/04/1357468.htm（閲覧日 2021/03/31）

2 世界にひろがる母子健康手帳
──女性と子どものいのちと健康をまもる

中村 安秀

1. 母子手帳は日本独自のシステム

妊娠したら母子健康手帳（以下、母子手帳）を受取り、妊婦健診の結果を記入してもらい、赤ちゃんが生まれたら、子どもの健診のときに母子手帳を持参して子どもの体重や身長、予防接種の記録を書いてもらいます。日本ではあたりまえの光景ですが、妊娠中から幼児期までの健康記録をまとめた一冊の手帳をもっている国は世界でも数少ないのです。世界保健機関（WHO）は2018年に「母子の家庭用記録に関するガイドライン」を発行し、妊娠中の記録、予防接種カード、小児健康ブック、統合母子健康ブック（母子手帳に相当する）を家庭で保持することの重要性を訴えました。

母子手帳には、妊娠・出産・子どもの健康の記録が一冊にまとめられており、しかも保護者が手元に保管できる形態であるという二つの特徴を備えています。この母子手帳を世界で最初に作ったのは、第二次世界大戦後の日本でした。1948年に厚生省告示第26号として「母子手帳」が定められました。表紙には手書きのコウノトリが描かれ、妊娠中の経過、出産の記録、乳児の健康状態が記録されました。当時は母子の死亡率も高く、栄養失調や感染症が大きな脅威でした。食糧不足のなかで、妊婦や産後の母親と乳児には貴重品だった砂糖やミルクが特別に配給されました。わずか20ページの母子手帳のうち、3割に当たる6ページは配給の記録でした。社会全体が困窮するなかで、母子手帳は女性と子どものいのちに直結する特別な配給手帳の役割を果たしていたのでした。

2. 母と子に対する切れ目のない支援

妊娠、出産、子育てという母子保健の時期には、実にさまざまな保健医療サービスが提供されています。妊娠中の健診、母親学級、出産、先天性代

謝異常症等スクリーニング、新生児訪問、産後ケア、乳幼児健診、予防接種、歯科健診などです。また、それらの医療ケアは、産院、保健センター、病院、クリニックなどさまざまな保健医療機関で実施され、産科医、小児科医、歯科医、助産師、保健師など多くの専門職が関わっています。異なる場所で、異なる専門職によって実施されている母子保健サービスが、日本では一冊の母子手帳に記録されることで、その一貫性を担保できているのです。

　いま、先進国や低中所得国を問わず、世界的に母子に関する継続ケアという発想が広まっています。時間的にも空間的にもひろがりをもつ母子保健サービスを女性と子どもを分断することなく提供することにより、妊産婦死亡率、新生児死亡率、乳児死亡率を低減しようという狙いがあります。

　このような世界的な潮流からみれば、すでに70年以上も母子手帳を配布し続け、その普及率がほぼ100％という日本は、恵まれたシステムを有しているといえます。すでに、愛知県小牧市、茨城県常陸大宮市、沖縄県などでは、学齢期においても使える母子手帳が実践されています。今後は、個人情報保護に十分に配慮しながら、切れ目のない支援の延長線上として学校保健のなかで母子手帳をどのように活用するのか、現場での工夫と実践に期待しています。

3. 世界に広がる母子手帳

　日本の母子手帳に触発されて、各国において文化や社会経済状況を反映した様々な取り組みが、国際協力機構（JICA）、ユニセフ、国際NGOなどの協力を受けて行われています。

　インドネシア人医師が日本研修中に、日本の母子手帳のすばらしさに感動したことがきっかけとなり、1993年にJICAプロジェクトの一環としてインドネシア版母子手帳の開発が始まりました。それまでは、妊婦用と乳幼児用の健康カードが別々に配布されているために、カードを失くす母親も少なくありませんでした。日本語の翻訳は一切行わず、インドネシアにすでに存在するパンフレットやポスターを原図として活用しました。私たちもインドネシア語の議論に直接に参加して、文字通りの協働作業を行いました。当時は非識字者も少なくなかったので、イラストや絵を多く入れる工夫を行いま

した。

　中部ジャワ州のサラティガ市（人口約 15 万人）をモデル地区にして、華やかなピンク色の表紙のインドネシア版母子手帳の試行が開始されました。インドネシアの衛生局職員とともに、日本から派遣されている栄養士や小児科医が全面協力しました。保健所や病院の医師や看護師に書き込み方の研修を行い、乳幼児健診で活躍している村の保健ボランティアを対象とした講習会を各地で開催し、親たちに母子手帳の大切さと使い方をきちんと説明してもらいました。

図1　インドネシアの母子手帳
（2018 年版）の表紙

（直訳は「母と子の健康ブック」だが、表紙も中身も父親が大活躍している）

　それから 10 年後の 2004 年に、保健省の関係者の熱意と日本人の思いがかない、「インドネシアのすべての子どもは母子手帳を配布されるべきである」という保健大臣令が出されました。現在では、母子手帳の印刷はインドネシア側で行われており、年間 400 万冊以上を発行する世界最大の母子手帳大国となっています（図1参照）。このインドネシアの母子手帳の裏表紙には、「母子手帳：インドネシア保健省と JICA、1997 年」という文言がインドネシア語で刻まれています。日本の国際協力の成果として母子手帳が作られたことの証しです。最初に井戸を掘ったパイオニアの存在を、いまも忘れないでくれているのをうれしく思います。

　タイでは、日本の母子手帳にヒントを得て、1985 年に保健省がタイ版母子手帳を開発しました。当初はわずか 14 ページでした。タイでも少子化は深刻であり、最新版の母子手帳では、父親、母親、3 人の子どもというにぎやかな表紙になっています。80 ページのすべてがカラー印刷です。保健省によれば、「少子化時代のタイで子どもを産むと決意してくれた女性に行政が最初に手渡す冊子が母子手帳です。私たちは労力と資金は惜しみません」とのことでした。最後のページには、QR コードがあり、ダウンロードすれば、動画で妊婦健診や性感染症の予防などの情報が得られます。タイでも若い世代は書籍よりもインターネットで情報を入手することが多いそうです。

タイの母子手帳は、女性のニーズの変化に敏感に即応して、訪問するたびにどんどんと進化していました。

　海外で母子手帳の導入にあたって最も重要なことは、日本語の翻訳版を使用しないことです。各国では妊婦健診記録、子どもの身長体重曲線、予防接種記録とともに、健康教育のきれいなポスターやパンフレットがすでに製作されています。それらの既存の教材や記録を最大限に活用し、母親の教育レベルや識字率を考慮して、できるだけ文字を減らして、絵やイラストの多い母子手帳を開発するように心がけていました。母子手帳は家庭に持ち帰って活用されるので、母親が非識字者であっても、家族内に誰か字が読める人がいれば、母子手帳の意義は十分に理解され、使用されます。

　医療は文化です。日本の医療文化にマッチした母子手帳を、そのままの形で輸出しようとしても、途上国に広がるはずはありません。相手国の医療システムや利用者のニーズに適合した母子手帳が必要とされるのです。まさに、「郷に入っては郷に従え」です。相手国の医師や看護師が記入したいと思い、母親が健診や予防接種の際に携行したいと思わなければ、どんなにすばらしい内容の手帳でも活用されることはないのです。

4. 日本で学んだ女性の保健医療者たち――母子手帳はミラクル

　ひとつの国で母子手帳が広がる背景には、必ず自国の母と子のために母子手帳を開発普及したいという熱い思いを持った専門職がいました。そのなかでも、日本で学んだ医師たちが大きな役割を果たしています。

　アフリカの母子手帳の普及の大きな原動力になっているのは、2008 年に第 1 回野口英世アフリカ賞を受賞したミリアム・ウェレ博士（Prf. Miriam Were）です。彼女はケニアで最初の女性医師であり、ナイロビ大学医学部長などを歴任しました。現在はウジマ財団を設立しスラムで活動する若者を育成し、アフリカ大陸の人々にとって希望の源泉であり続けてきました。日本に来てはじめて母子手帳を見た日は、興奮して深夜まで寝つけなかったそうです。アフリカ大陸で母と子どもの死亡を減少させようと努力してきた彼女にとって、一冊の手帳で母親と子どもというふたりの人間の健康をサポートするという発想は想定外のものでした。それまでは、母と子どもは別の人

格だから、健康手帳も当然の
ように別々に印刷していたの
でした。「母子手帳はミラク
ルだ！」、日本が貧しかった
時代の発明がアフリカの母親
と子どものいのちを守ってく
れるのだと力説してくれまし
た。

　2012年10月には、ケニア
共和国ナイロビにおいて、ミ
リアム・ウェレ博士らが中心
となり「第8回母子手帳国際
会議」が開催されました（写

（筆者撮影）

写真1　ミリアム・ウェレ博士（右）の活動を視察
（ケニア・ナイロビ）（左は甲南女子大学元非常勤講師の
板東あけみ氏、中央は筆者）

真1参照）。アフリカ15カ国、アフリカ以外から10カ国、約300名が参加
しました。ケニア公衆衛生省が開催費用のほとんどを支出し、国の威信をか
けて準備と運営に奔走しました。文字通りにアフリカの国々が主役となった
母子手帳国際会議は大盛況のうちに終了しました。公衆衛生省の高官や大病
院の院長が、母子手帳のことになると、不思議なくらいに熱気を帯びて語り
続けていたのが印象的でした。

　同じアフリカ大陸のカメルーンでは、2014年に英語とフランス語という
二つの公用語で書かれた母子手帳がはじめて作成されました。その中心と
なったのが、長崎大学で研修を受けたカメルーン人の産婦人科医のグレー
ス・アラケ（Dr. Grace Alake）さんです。彼女は「日本で出会った母子手帳
が私のライフワークになった」と述懐し、ウェレ博士の背中を追うようにし
て母子手帳の普及活動に邁進しています。

5. 世界に広がった母子手帳から学ぶこと

　2018年に、世界医師会（World Medical Association: WMA）総会において
母子手帳の開発と普及に関する声明が採択されました。母子手帳またはそれ
と同等のものは、母、新生児および子どもの継続ケアを改善し、かつヘルス

プロモーションにも役立つ重要なツールであると明言しました。持続可能な開発目標（SDGs）に従い「だれひとり取り残されない」よう、特に非識字者、移民家族、難民、少数民族、行政サービスが十分届かない人々や遠隔地の人々のためにも使われるべきであると宣言したのです。また、母子手帳は、母、新生児、および子どもの健康と福祉を向上させるためにのみ使用されるべきであり、学校の入学手続きの際に使用すべきではないと個人情報の保護にも言及しました。

　思えば、途上国だった戦後日本が世界最高水準の乳幼児死亡率や平均余命を誇るようになった背景には、優れたシステムを編み出した先人たちの努力がありました。一方、日本の母子手帳を取り入れた国や地域では、デジタル情報との連携を強め、すでに紙媒体とスマートフォンを連動させた取り組みも始まっています。日本発の母子手帳ですが、各国から日本が学ぶ点も少なくありません。

　70年以上前に世界で初めて作成された母子手帳を持つ国として、従来のモデルを守り通すだけでなく、母子手帳を熱く語る途上国の人々の熱意を見習う必要があります。具体的には、「子どものための母子手帳」として、小中学校、高校、大学などで健康教材として活用し、わかりやすいイラストや写真を増やす工夫が必要です。続いて、アナログとデジタルの併用も大切です。健康教育内容や健康記録をスマホのなかに取り込むことにより、低出生体重児、障碍のある子ども、外国人の子ども、視覚障碍の母親なども使いやすい「バリアフリーの母子手帳」をめざすことができます。

　母子手帳が世界に広がる過程のなかで、日本も大きな学びの機会を得ました。世界最高水準の母子保健サービスを提供してきた日本の母子手帳にとって、グローバルな発想を取り込むことにより、次世代の女性と子どものために、持続可能な未来の発展につながる大胆な変革が生まれることを期待しています。

参考文献

厚生省児童家庭局母子衛生課編（1991）『日本の母子健康手帳』保健同人社

中村安秀（2019）「だれひとり取り残さない小児保健」『子ども学がひらく子どもの未来』（稲垣由子・上田淑子・内藤由佳子編著）、北大路書房

中村安秀（2021）『海をわたった母子手帳』旬報社

3 女性教育と理学療法

1. 理学療法士のはじまりと女性

　理学療法士は、英国をルーツに持ち、1894年に2名の女性の看護師兼マッサージ師によって団体が創設され、1912年には英国のマンチェスターに別の団体が創設されています。1920年にこの二つの団体が合体し、現在の英国の理学療法士組織（Chartered Society of Physiotherapy）につながってきました。

　米国では、1917年に理学療法過程を陸軍外科部門に設置したのがはじまりです。英国のリバプールで学んできた女性理学療法士が団体を創設し、現在の米国の理学療法士組織（American Physical Therapy Association）に至っています。日本では、理学療法士は1965年6月に理学療法士及び作業療法士法の成立に基づき誕生しています。世界（125カ国：660000名以上中）では、理学療法士の66％は女性で、北アメリカ66％、南アメリカ74％、ヨーロッパ70％、アフリカ65％、アジア西太平洋49％です。ハンガリー、ミャンマー、セントルシアの3カ国では、女性が90％を占めています。日本の比率は39.2％です。

　このように理学療法士の原点は女性ではじまり、現在、女性が占める割合は高いです。一方で、女性が、社会で理学療法士として活動していく上で、医療での理学療法をどのように捉えていくかの議論が深掘りされていないのが現状です。こうした情勢の中で、理学療法士が何を考え、何を行い、女性理学療法士が何を行おうとしているかに触れながら、性差医療と女性教育について本稿では論じていきます。

2. 本学での女性教育の取り組み

　筆者の授業科目である「筋骨格障害理学療法学Ⅱ」では、ロコモティブシ

ンドローム（運動器症候群）と理学療法に関わる内容の授業を実施していますが、ここ数年にわたり、特に、性差医療、女性外来及びジェンダーと性について言及する授業を実施してきました。そこでは、性差医療や女性外来について多くの学生が初めて知ります。一方で、学生は、性差医療及び女性外来が必要と少なからず考えているものの、ジェンダーと性の理解に至った者は少ない傾向を感じてきました。性差医療とジェンダー及び性の理解が不十分であることがわかり、さらに性差医療の啓発とジェンダー及び性に関わる基礎知識が必要ではないかと考えられました。

3. 理学療法の意義

　理学療法とは病気、けが、高齢、障害などによって主に運動機能（基本動作の寝返り、起き上がり、座位、立ち上がり、立位、歩行など）が低下した状態にある人々に対し、運動機能の維持・改善を目的に運動療法、温熱・電気・水・光線などを活用する物理療法などを用いて行われる治療手段です。

　理学療法の目的は運動機能の回復に基づく日常生活動作（ADL）の改善を図り、最終的には生活の質（QOL）の向上、社会復帰をめざすことです。

　最近では、対象は、運動機能低下が予想される高齢者の予防対策、メタボリックシンドロームの予防、スポーツ分野でのパフォーマンス向上など障害を持つ人に限らず、健康な人々に広がりつつあります。また、運動・動作の専門性を生かし、福祉用具の適用相談、住宅改修相談も業務範囲では行うこととなっています。

4. 日本における理学療法士教育での女性の役割、女性養成数、理学療法士養成校の実態、女性理学療法士数と割合

　1963年に、アメリカから派遣された世界保健機関（World Health Organization: WHO）顧問のタイ・コニーン（Tai A. Conine）等2名の女性講師は、東京都清瀬市に開設された国立療養所東京病院附属リハビリテーション学院（厚生省設立3年生専門養成施設）の教壇に立ち、本場アメリカの理学療法士養成教育が日本に導入・開始されました。その学院の第1期生には総

数 14 名の学生が在籍し、構成は女性 4 名（29%）、男性 10 名（71%）でした。

　日本の養成校数は合計 279 校（2021 年 3 月現在）です。前述の国立療養所
東京病院附属リハビリテーション学院（1963 年開校、2008 年閉校）が日本初
の養成校で、大学教育では 1992 年に広島大学に初めて開設されました。内
訳は、大学数は 121（43%）、短大数 8（3%）、専門職大学数 5（2%）、専門学
校数 145（52%）です。2021 年度養成者数（国家試験合格者数）は、9,434 人
でした。甲南女子大学看護リハビリテーション学部理学療法学科（1 学年定
員 60 名）は、2007 年に日本初の女子大学での理学療法学科として開設され
ました。

　日本の理学療法士数は、192,327 名（2021 年 3 月現在）ですが、その内で、
日本理学療法士協会に所属し、男女の区別が可能な 129,875 名（2020 年現
在）をみると、女性が 50,945 名（平均年齢 33.8 歳）で、39.2% を占めて、男
性は 78,930 名（平均年齢 34.8 歳）で、60.8% でした。

5. 女性キャリアとしての理学療法士について

　男女雇用機会均等法は、1972 年施行の勤労婦人福祉法の後に、1985 年に
成立し、1986 年施行されました。採用・昇進等での男女の機会均等は事業
主の努力義務であった本法の改正の歴史は、急速に進み、おおむね 40 年の
間に 3 回の改正がありました。1997 年改正、1999 年施行では、「雇用の分
野における男女の均等な機会及び待遇の確保等に関する法律」、採用・昇進
等での差別的取り扱いの禁止、セクハラ対策は配慮義務（女性労働者に対す
るセクハラが対象）、妊娠・出産等による解雇を禁止しました。2006 年改正、
2007 年施行では、セクハラ対策は措置義務（男女労働者に対するセクハラが
対象）、妊娠・出産等による不利益取扱いを禁止、間接差別を禁止しました。
2016 年改正、2017 年施行では、妊娠・出産等に関する上司・同僚による就
業環境を害する行為に対する防止措置を義務付ける規定が設けられました。

　現在、日本理学療法士協会は職能団体でありますが、その幹部の女性理事
は、23 名中 5 名（22%）で、まだまだ少なく、現役女性理事からは 3 分の 1
（7 名）への増員をめざした活動が明言されていることからも女性の雇用と
社会進出に関する機運を高める方向には向かっています。

　理学療法士は、人工知能やロボット等による代替可能性が低い 100 種の職業の一つに選ばれています（表1）。今後、超高齢社会における需要と供給を踏まえて万人から期待される職業体制の構築が重要です。

表1　人工知能やロボット等による代替可能性が低い100種の職業
（50 音順、並びは代替可能性確率とは無関係）

アートディレクター	芸能マネージャー	社会福祉施設指導員	ツアーコンダクター	フリーライター
アウトドアインストラクター	ゲームクリエーター	獣医師	ディスクジョッキー	プロデューサー
アナウンサー	外科医	柔道整復師	ディスプレイデザイナー	ペンション経営者
アロマセラピスト	言語聴覚士	ジュエリーデザイナー	デスク	保育士
犬訓練士	工業デザイナー	小学校教員	テレビカメラマン	放送記者
医療ソーシャルワーカー	広告ディレクター	商業カメラマン	テレビタレント	放送ディレクター
インテリアコーディネーター	国際協力専門家	小児科医	図書編集者	報道カメラマン
インテリアデザイナー	コピーライター	商品開発部員	内科医	法務教官
映画カメラマン	作業療法士	助産師	日本語教師	マーケティング・リサーチャー
映画監督	作詞家	心理学研究者	ネイル・アーティスト	マンガ家
エコノミスト	作曲家	人類学者	バーテンダー	ミュージシャン
音楽教室講師	雑誌編集者	スタイリスト	俳優	メイクアップアーティスト
学芸員	産業カンセラー	スポーツインストラクター	はり師・きゅう師	盲・ろう・養護学校教員
学校カウンセラー	産婦人科医	スポーツライター	美容師	幼稚園教員
観光バスガイド	歯科医師	声楽家	評論家	理学療法士
教育カウンセラー	児童相談員	精神科医	ファッションデザイナー	料理研究家
クラシック演奏家	シナリオライター	ソムリエ	フードコーディネーター	旅行会社カウンター係
グラフィックデザイナー	社会学研究者	大学・短期大学教員	舞台演出家	レコードプロデューサー
ケアマネージャー	社会教育主事	中学校教員	舞台美術家	レストラン支配人
経営コンサルタント	社会福祉施設介護職員	中小企業診断士	フラワーデザイナー	録音エンジニア

（野村総合研究所の試算〔2015 年〕を参考に筆者作成）

6. 医療の潮流

1）ジェンダーと性の捉え方と医療における男性と女性の捉え方の変容

　ジェンダーとは、社会的・文化的につくられる性別です。これは、男性・女性としての個人の自己表現、またはその表現に基づいた性が社会的・文化的慣例によりどのように受け止められるかに基づいています。性は、生物学的性別です。これは、染色体の構成に由来した生殖器官とその機能に基づいています。

　性差医療が注目を浴び、その意義・根幹は性差による骨の構造、痛みの感覚、そして薬の代謝や脳の機能などの生物学的、生理学的な相違を明確化し、遺伝子、性ホルモンなどの多くの要因が病態を形成することを学び、両性についての理解を深めて、よりよい治療・ケアを提供することができるような医療・社会体制を構築することをめざすものです。性差医療は、男女比が圧倒的にどちらかの傾向にある病態、発症率はほぼ同じでも男女間では臨床的に差がある病態、いまだ生理的、生物学的解明が男性と女性で遅れている病態、社会的な男女の地位と健康の関連などに関する研究を進め、その結果を疾病の診断、治療法、予防措置へ反映することを目的とした医療改革です。性差に対応したより良い診断方法、治療法を手に入れ、両性においてもっとも良質のケアを提供することができるようになると考えられています。

2）女性外来と男性外来の特徴とあり方

　女性外来は、日本で306病院（2018年1月23日現在）あります。対象の疾患は、月経前症候群、更年期障害、更年期うつ病、骨粗鬆症、膀胱炎、鉄欠乏性貧血、関節リウマチ、メニエール病、甲状腺機能亢進症、微小血管狭心症、慢性疲労症候群です。

　男性外来は、日本で103病院（2018年1月23日現在）あります。対象の疾患は、男性更年期障害：LOH症候群（加齢男性性腺機能低下症候群：抑うつ・疲れやすさ・無気力・不眠・性機能障害）、前立腺癌をはじめとする尿路悪性疾患、排尿障害（頻尿・尿失禁・排尿困難・尿勢低下など）、男性型脱毛症です。

　女性外来開設の機運の高まりは、男性と女性では、罹患する病気が異なり、

同じ病気でも病状が異なることがあり、そのような性差に配慮した医療である性差医療が必要と考えられるようになったからです。女性特有の悩みや家庭内の問題を含めて、心身共に総合的に診てもらいたいという女性患者のニーズに寄り添うものです。従来の外来診療に対する女性の不満があらわれました。医学的知識は女性特有の病気を除いて男性中心に系統立てられていて、診察する医師の多くが男性で女性特有の悩みを理解してくれない、あるいは話せる雰囲気でないという女性に優しくない医療環境であることによります。

　女性外来のあり方は、まずじっくり傾聴し患者の全体像を理解し、その後、①専門外来への振り分けを主とする入り口の役割と、②紹介を受けて診療する専門外来の場合があります。

7. 日本理学療法士協会の女性のライフステージに関わる　　理学療法の取り組み

　思春期では、初経や体型の女性化する一方で機能性月経困難症が好発することに対しては運動療法を通した月経不順や無月経の改善を図り、機能性月経困難症には健康的な身体作りや運動療法による改善を図る取り組みがあります。

　性成熟期には妊娠・出産時期ではありますが、妊孕性（妊娠しやすさ）低下、器質性月経困難症（子宮筋腫、子宮内膜症など）がみられますが、妊娠中の身体の変化に向き合い、妊娠中の腰や腹部に負担が掛かり過ぎないような動作指導、産後の骨盤底筋の強化、産後の骨盤不安定に対する姿勢指導などがあります。

　更年期では、閉経、更年期症状、下部尿路症状（尿漏れ、頻尿など）、骨粗鬆症、脂質異常症、高血圧、骨盤臓器脱、運動器退行変性障害、転倒リスクの上昇などの性ホルモンの分泌減少に伴う心身の影響があります。さらに老年期では、更年期からの事象変化に伴い特に性器萎縮が始まることなどに対するホルモン補充療法、生活習慣改善のための適度な運動療法を行うことを指導することにより対応しています。このように女性のライフステージに合わせて行うことができる理学療法の中の運動療法は有用です。

8. 遺伝学の最先端推論と理学療法

　ヒトは 22 対の常染色体と 1 対の性染色体を持っており、女性の性染色体
は XX で、男性の性染色体は XY です。男性特有の性染色体である Y 染色
体は、X 染色体に比べて短く（Y 染色体が短縮化・喪失方向に向かっていると
の説と喪失しないという説があります）、さらに遺伝子の数も少ないという特
徴があります。ヒトの身体は、受精後に細胞分裂を繰り返し、生殖細胞の一
部以外は基本的に同じ DNA 配列を持った細胞で構成されます。しかし、以
前より Y 染色体を喪失した細胞がしばしばみられることが知られており（主
に血中に）、これを「Y 染色体を喪失した細胞と Y 染色体を維持した細胞が
モザイクとなった状態（mosaic loss of chromosome Y ［mLOY］）といわれま
す。そして、mLOY は加齢や喫煙に強く相関しており、加齢や喫煙に伴っ
て Y 染色体を喪失した細胞が増えることがわかってきました。その後、欧
米人の検体を用いた研究で、mLOY が発がんのリスクとなる可能性や、が
ん患者の予後の悪化に関わる可能性が示されてきました。また、一塩基多型
（SNP）を用いた詳しいゲノムワイド関連解析（GWAS）により、mLOY に
関わる遺伝子もみつかっており、2017 年には、英国の UK バイオバンクの
データを用いた研究により、19 の mLOY 関連遺伝子がみつかっているよう
に男性に重要な遺伝子に代わる代替遺伝子が出来ています。男性行動はみら
れていますが、徐々に男性遺伝子構造に変容がみられている状況です。

　また、X 染色体上には免疫機能に関する遺伝情報を翻訳する多くの遺伝子
があり、女性の免疫担当細胞は、理論的には男性よりも多様性が高いのです。
その結果、さまざまな病原微生物に対して女性の方が抵抗力が強いことにな
ります。しかし，逆に女性には自己免疫疾患が圧倒的に多く現れることにも
なります。自己免疫疾患の性差の理由としては、性ホルモンの関与が示唆さ
れています。妊娠・出産、閉経などの女性特有のライフイベントにより自己
免疫疾患が増悪・寛解することはよく知られています。

9. 理学療法が拓くよりよい医療の未来

　本稿では、女性教育と理学療法の関係性、特に医療の潮流に触れ、理学療法がいかに、よりよい医療を人々に提供し、さらには、女性の働き方や生き方を支えていくか、といった問題について考察しました。本稿を読んだ方が、理学療法の学びに関心を持っていただければ幸いです。

【参考文献】
天野惠子（2020）「性差医学・医療を考える：概要と展望」『新薬と臨牀』69: 103-108
石藏文信（2005）「男性の更年期医療外来」『産婦人科治療』90: 408-413
駒沢治夫（2003）「理学療法　事始めからの展開」『理学療法学』30: 65-68
鈴鹿有子・赤澤純代・他（2017）『女性外来』MB ENT207: 1-9
太組由貴・長谷川修（2016）「大学病院である当院女性外来に求められるもの」『日本病院総合診療学会雑誌』10: 59-61
武富由雄（2015）「歩んだ理学療法士の道程50年——理学療法のルーツ」『理学療法学』42: 744-746
日本理学療法士協会編（2020）『理学療法白書2020』ヒューマン・プレス
日本理学療法士協会編（2021）『理学療法ハンドブックシリーズ10　女性のライフステージ』日本理学療法士協会
吉田浩士（2008）「男性専門外来？」『泌尿器ケア』13: 8
Callaway, Ewen (2012) "The Human Y Chromosome is Here to Stay" *Nature* doi: 10.1038/10082.
Chikashi, Terao etc. (2019) "GWAS of Mosaic Loss of Chromosome Y Highlights Genetic Effects on Blood Cell Differentiation" *Nature Communications*, 10.1038/s41467-019-12705-5.

4 産後女性の体のケア

山本 綾子

1. 産後の女性に対するケアと理学療法

　皆さんは、産後女性の体のケアに理学療法士が関わることをご存じですか？　理学療法士というと、皆さんはどのような人をイメージされるでしょうか？　平行棒で歩いている患者様のそばで声がけをしている人や広いトレーニングベッドの上で患者様の足を動かしている人というイメージでしょうか？　また、理学療法士が対応している人は、高齢の方というイメージでしょうか？　確かに、多くの理学療法士は、皆さんのイメージされるような場所で働いています。昭和40年に制定された「理学療法士及び作業療法士法」という法律では、「理学療法」とは、身体に障害のある者に対し、主としてその基本的動作能力の回復を図るため、治療体操その他の運動を行わせ、及び電気刺激、マッサージ、温熱その他の物理的手段を加えることをいう、とされています。このように、理学療法士は、何らかの原因により障害をもった方に対して評価や治療を行う職業です。そんな職種が産後女性の体のケアにどのような接点をもつのでしょうか？　近年、理学療法が携わる分野は広がってきており、新しい分野の中には「ウィメンズヘルス理学療法」というものがあり、産前から産後の女性もサポートします。本稿では、この新しい分野に含まれる産後の女性に対するケアについて、私が携わってきた経験をとおしてご紹介し、理学療法士が関わる女性教育を考えたいと思います。

　私が産前産後の女性に対する理学療法に関わり始めたのは、16年前の2005年でした。私は、当時、大学院で行う研究テーマを探していました。研究を行うにあたり、社会貢献できる新規性のあるテーマはないだろうかと悩んでいたところ、助産師である母が発した「妊婦さんで腰痛を訴える人は、わりといるのよ」という言葉が引っ掛かりました。腰痛は、理学療法士が治療対象とする疾病の一つです。胎児の成長につれて腰背部の筋肉に負担がか

かることが原因で、痛みを生じます。当時の私は、おなかの赤ちゃんが大きくなるとその重みを支えるために腰背部には負担がかかることは想像できましたが、それがトラブルにつながるという認識ではありませんでした。

　しかし、母の言葉が気になり、産婦人科や理学療法分野の書籍や論文を調べてみました。そうすると産婦人科の多くの書籍には、妊娠中の腰痛は「マイナートラブル」として説明されており、一部の学術雑誌において、腰痛の原因や対処方法について触れられている程度でした。理学療法分野の資料においては産前産後の女性を対象とした研究はほとんどなく、ようやく1件の論文を見つけるという状況でした。このような状況から、妊娠中の腰痛は、あまり重要視されていない印象を受けました。しかし、見つけた論文では、妊娠中の腰痛の発症率は、諸外国において妊産婦の50％前後と述べられており、実施した調査結果でも40％の妊婦が複数箇所の痛みを経験しており、さらに産後に痛みが残存する人がいることも報告されておりました。母の言うように、産前産後に腰痛を経験する人が比較的多いことがわかりました。そして、諸外国では産前産後の腰痛に対して指導的介入が行われ、痛みの軽減に有効だったことも書かれていました。日本では、マイナートラブルとして捉えられ、理学療法士の介入対象として認識されていない産前産後の腰痛が、諸外国では理学療法士が対応する疾患であることを知り、日本は理学療法士による産前産後のケアは後進国であると感じました。同時に、産前産後の腰痛を研究テーマにすることは意義があり、自分自身が関われる可能性も感じました。そして、日本でも産前産後のケアを広めていったなら、産後の子育てが楽になる人が増えるだろうと希望も持ち、理学療法の中では未開拓である分野での研究に足を踏み入れることにしました。

2. 産前産後の女性の身体的変化で知っておきたいこと

　産前産後には様々な身体的な変化が起こります。ここでは、理学療法の視点で皆さんに知っておいてもらいたい知識を少し紹介します。

　妊娠中の腰痛は、2種類あると考えられています。一つ目は、胎児の成長に伴い腰椎付近に痛みが起こる腰椎由来の腰背部痛です。これは、一般的な腰痛です。胎児は出産前には3kg前後になりますので、その重さを支えるた

めに腰背部の筋肉などに過度の負担が生じることが原因です。この腰痛になりやすい人は、妊娠前にすでに腰痛を持っている人と言われています。この腰痛を軽減させるためには、重くなるおなかを支えることが必要です。支える方法には、妊婦帯を巻くこと（外的なサポート）や腰背部筋を強くする（内的なサポート）があります。しかし、妊娠中は、積極的な筋力増強運動はできませんので妊娠前から始めておく必要があります。産後は子育てが生活の中心になり、自身の運動をする時間は取りにくくなりますので、妊娠前に腰痛を改善するといった体のケアをはじめることが、産前産後に向けた大切な準備と言えます。

　二つ目の腰痛は、妊娠中に分泌されるリラキシンというホルモンにより関節を構成する結合組織にゆるみが生じて発症する骨盤関節由来の痛み（骨盤痛）です。結合組織のゆるみは、出産時に骨盤を開きやすくするための不可欠な変化です。しかし、緩んだ関節に胎児の重みなどの力がかかると、関節を固定している筋や靭帯に負担がかかり、痛みにつながることがあります。ある研究では、骨盤の関節の緩みに左右差がある人の方が腰痛を訴えることが多いと報告されています。したがって、この腰痛を軽減させるには、妊娠中、長時間の立位を避けて関節への負担を少なくすること、左右均等の姿勢を心がけて一方の関節への負担を減らすことが必要です。産後は、リラキシンホルモンの分泌は減少し、結合組織のゆるみも元の状態に戻っていきます。しかし、骨盤関節由来の腰痛も産後に持続する場合がありますので、妊娠中から関節に負担をかけないように心がけることが大切です。

　このように、産前産後は、赤ちゃんだけでなく、母親にも様々な変化が生じます。この変化を知らなければ得体の知れないものととらえ不安を引き起こしますが、変化を知っていれば、身体からのサインとして前向きにとらえられるのではないかと思います。また、腰痛を改善することや妊娠中のおなかを支えられる筋力をつけておくことを妊娠前から始められれば、産前産後を楽に過ごすことができると思います。

3. 産後の女性に対するケアの壁

　大学院では産前産後の腰痛の変化をとらえ、原因を探る研究をすることで、

産前産後の女性における理学療法のニーズを認識することができました。しかし、理学療法士が産前産後の女性に関わる際の壁も見つけることになりました。その壁とは、医療従事者の中で理学療法士が産前産後の女性のケアに関わる職種であるということが認知されていないということでした。

　大学院での研究を終えると、産婦人科との関わりもなくなってしまいます。関わりを持ち続けたいと思い、病院の母親教室で講話をできないか希望しました。母親教室では、妊娠中の姿勢の変化と腰痛の関連について説明し、姿勢を正す重要性や、正しい姿勢を確認する方法を紹介しました。しかし、参加者の反応はそれほど大きくなく、母親教室を運営する助産師の方にもあまり関心を示していただけませんでした。私が提供した内容が不十分であったのだと思いますが、周りの反応を受けて自分の力不足を感じ、それ以降の積極的な働きかけができず、継続的に指導する機会を失ってしまいました。自身の研究成果を直接妊婦さんに提供することはできませんでしたが、他の職種に理学療法士ができることを知ってもらうことが課題であると認識できました。そして、私にできることとして、研究成果の発表を通して、産前産後の姿勢の変化や腰痛について伝えていくことにしました。そして、これからどう広めていけばよいのかと考えている時、研究成果の発表のために参加した国際学会において、ウィメンズヘルス理学療法の先進国の方から「日本でウィメンズヘルス理学療法分野の勉強グループを作りなさい」というアドバイスをいただき、2012年にウィメンズヘルス理学療法研究会というグループを結成しました。

　このグループは、ウィメンズヘルス理学療法に関する活動発表や研究紹介、意見交換を行う大変小さな会でしたが、自分自身の経験などから産前産後の身体的な不調に対して何かしたいと熱く語る参加者が多く、同じ気持ちを持つ人たちがいると勇気づけられました。近年の女性は産後に育休を取得した後、職場復帰される方が多くなっています。この現状を見ても、腰痛などの身体的な不調を感じずに過ごすことは、子育てをしながら仕事を続けていくためにも必要だと思います。また、ある研究では、産後に続く腰痛により自分の体がままならず、子供やパートナーとの生活に影響が出ることも報告されています。こうした報告を鑑みても産後の女性の精神的健康のためにも腰痛など身体的な不調を取り除いていくことが必要であると思います。

4. 産後の女性に対するケアの希望

　私が大学院で研究を始めた16年前は、産前産後の腰痛はマイナートラブルとしてとらえられていました。妊娠すると時々起こる症状で、出産すると自然となくなると考えられており、治療対象とされるものではありませんでした。ましてや、筋骨格系の症状を治療する理学療法士が産科に関わることは考えにくいことでした。しかし、今は違います。社会では女性に対するニーズが高まってきており、出産後に職場復帰する人が増えてきています。同時に、産後女性に対する理学療法士の関わり方も変化してきました。2016年には日本理学療法学会において「ウィメンズヘルス・メンズヘルス理学療法部門」という組織が設立され、理学療法分野の正式な専門分野として認められるようになりました。それに伴って出産を終えた女性に、理学療法士が運動指導を提供する病院が少しずつ増えてきています。学部教育の場においても、産後の女性に対するケアを学ぶ機会が出てきました。本学では、理学療法学科の学生には専門的な知識を学ぶ授業が開講されています。女性理学療法士として女性のトラブルに対応できるための知識を得ていくことが目的です。卒業生の中には、授業で学んだことを基盤に自身の職場で産後の女性に関わる環境を整えた人も出てきています。また、理学療法学科以外の学生に向けた授業も設置されるようになりました。この授業では、より快適な産前産後を過ごすための知識を得ることや体づくりを始めるきっかけづくりになって欲しいと思っています。社会においては、理学療法士が関わる場所はまだ少ないですが、産後女性に関わる理学療法士が増えることで産後のトラブルを抱える女性が少なくなるでしょう。今後、働く女性が妊娠出産を終えて社会に復帰する際、腰痛などの身体的な不調がなく生活していけるような社会になって欲しいと思います。

　最後に、皆さんに質問です。産後のケアは、いつ始めればよいのでしょうか？　すでに何度か述べておりますが、私は、産前産後では遅いと感じます。その理由は、産前は、妊娠により全身に変化が生じるため、積極的な筋力や体力の増強は難しいからです。また、産後は、子育てのために時間を割くことが多くなりますので、あらためて体づくりのための運動を行うことは難し

いと思うからです。産前産後の身体の変化について知り、準備を始めていく
のは、その前の時期である大学生くらいの年齢がよいのではないかと考えま
す。また、広くとらえると、産後というのは、出産後すぐの時期だけではな
いと思います。出産後から生涯を終えるまで産後です。長い産後を快適に健
康的に過ごすために、皆さんにはご自身の身体について知り、体づくりを始
めていただきたいと思います。

【参考文献】

松谷綾子他（2014）『ウィメンズヘルス・リハビリテーション』メジカルビュー社

村井みどり（2005）「妊婦および褥婦における腰痛の実態調査」『茨城県立医療大学紀要』
　　第 10 巻

Damen, Léonie et al. (2001), Pelvic Pain during Pregnancy is Associated with
　　Asymmetric Laxity of the Sacroiliac Joints, *Acta Obstetricia et Gynecologica
　　Scandinavica* (80): 1019-1024.

Engeset, Jorun et al. (2014), Pelvic Girdle Pain Affects the Whole Life?—a qualitative
　　interview study in Norway on women's experiences with pelvic girdle pain after
　　delivery, *BMC Research Notes*.

5　生物学的・栄養学的な性差を理解して ジェンダー平等の女性教育を考える

天野 信子

1. ジェンダー平等達成のための生物学的な性差、 および栄養学的な性差の理解

　近年、女子大学における教育理念において、女性がリーダーシップを発揮できる教育が求められています。これまでの大学における女性教育は、高度経済成長期の社会背景の中で発展してきた経緯があり、その当時の女性教育の理念は良妻賢母でした。しかし、社会構造も大きく変化している現代社会の女性教育の理念は、多様な課題を抱えるグローバル社会において、女性がリーダーとなって活躍できるための教育が求められています。そのためには、ジェンダー平等の社会を達成することが必要です。

　最近よく見聞する言葉に『SDGs（持続可能な開発目標）: Sustainable Development Goals』があります。これは、2015 年 9 月の国連総会において採択された「持続可能な開発のための 2030 アジェンダ」に記載された国際目標です。17 の目標（ゴール）と 169 の指標（ターゲット）から構成されており、2030 年までに達成することを目指して、全世界レベルで取り組むべき目標です。この目標には、貧困や飢餓の解消、健康や教育の確保、持続可能なエネルギーや安全な水の確保、平和と公正、経済成長と働きがい、気候変動など、世界が抱えるさまざまな課題が網羅されています。この目標の 5. には「ジェンダー平等」が掲げられており、「ジェンダー平等を達成して、全ての女性と女児のエンパワメントを図る」と記載されています。開発目標 5. は、他の目標である貧困、健康、教育、気候変動他の全ての目標の達成に不可欠な役割を果たすものです。

　ジェンダー（Gender）とは、生物学的な性別のセックス（Sex）に対し、社会的・文化的につくられる性別のことを指し、男女の社会的・文化的役割の違いや男女間の関係性を示します。国連開発計画（UNDP）が発表する

ジェンダー不平等指数（Gender Inequality Index：GII）は、保健分野、エンパワメント、労働市場の３つの側面から構成されており、国家の人間開発の達成が男女の不平等によってどの程度妨げられているかを明らかにするものです。UNDP の人間開発報告書によれば、2018 年の GII が、世界 162 カ国の中で１位の国はスイス（GII:0.0037）で、日本は 23 位（GII：0.009）です。また、2021 年ジェンダー・ギャップ指数（Gender Gap Index：GGI）は 153カ国の中で、日本は 120 位（GGI：0.656）です。GGI は、「0」が完全不平等、「1」が完全平等を表しています。

　このような指数にわが国のジェンダー不平等があらわれているのですが、その不平等是正を阻んでいる要因は、高度経済成長期の社会背景のもとで、日本特有の労働市場の構造や、それに対応した家族モデル（三世帯同居→核家族→家族形態の多様化）によるものと考えられています。

　先進国の中ではジェンダー不平等のわが国においては、ジェンダーを理解した上で、その不平等の解消策となる女性教育の理念を考えることが重要だと考えます。また、社会的・文化的性差であるジェンダーの理解を深めるためには、生物学的性差であるセックスを理解しておくことはさらに重要なことと考えます。そこで、医療栄養学科に所属する教員の立場として、生物学的性差、および栄養学的性差を述べて、その上でジェンダー不平等を解消するための女性教育について考えてみることにします。

2. 生物学的な性差

　わたしたちの身体には、体組成、生殖器、性ホルモン作用などによる生物学的な性差が発現します。

1）体組成

　ヒトの体組成は、「体脂肪」、「骨」、「除脂肪軟組織」の三要素に分類され、「水・筋肉・脂肪・骨」で構成されています。体内の水は 50 ～ 60%、筋肉と脂肪が 30 ～ 40% です。体内の筋肉と脂肪の割合は、男女ともライフステージや運動量によって変動します。筋肉には、「骨格筋」、「心筋」、「平滑筋」があり、骨格筋は自分の意志で動かすことができる筋肉に対して、心筋

や平滑筋は自分の意志では動かせない筋肉です。これらの筋肉は、①体を動かす（運動）、②エネルギー（熱）を産生する、③心臓を動かす、④体温調整をする、⑤骨や関節を守る、などの働きをし、私たちが生きていくために重要な体成分です。ライフステージにおいて、筋肉は20歳頃までは増え続けますが、加齢とともに減少します。また、思春期を過ぎると性差が生じ、男性が女性に比べ大きくなります。これは、男性の身体は性ホルモンのテストステロンの分泌によって、筋肉が増強されるためです。一般的に、私たちは「骨格筋」のことを筋肉と言っています。筋肉量が多いと基礎代謝量が高くなります。基礎代謝の多くは、前述した④の体温調節に使われるため、筋肉が減少すると体温維持ができ難くなります。「冷え」に悩まされる女性が男性より多いのは、男性と比べて女性の筋肉量が少ないことによります。

　体重に占める脂肪量の割合を体脂肪率として算出します。適正値は、性別、年齢別に異なりますが、成人の「標準」の判定は、女性の場合が20.0％〜29.9％、男性の場合は、10.0％〜19.9％とし、厚生労働省は、女性は30％以上、男性は25％以上の場合を「体脂肪量過剰」としています。女性は、男性に比べ、性ホルモンの作用によって体脂肪率が高いのが特徴です。ちなみに、体脂肪率が低くなると、体温調整ができにくくなったり、女性の場合にはホルモンバランスの乱れで月経不順が生じるリスクが高くなります。

　筋肉量は握力と関連があることが示唆されています。超高齢社会を迎えているわが国では、高齢者のフレイル予防が要介護予防の観点から重要視されていますが、筋肉量の減少を防ぐことがフレイル予防につながります（フレイルとは、Frailty〔フレイルティ〕が語源で「加齢により心身が老い衰えた状態」のことです）。そのため、フレイルの評価基準（2002年改定日本語版フレイル基準：J-CHS）の5項目の中には、筋肉量を推定するために「握力」が挙げられています。筋肉量と握力の関連については、次のような例でも示すことができます。例えば、BMI（体格指数）が25未満の肥満ではない体格の成人男性の平均筋肉量は24kgで、女性は17kgです。男性の筋肉量は女性の約1.4倍です。一方、握力ですが、平成30年度体力・運動能力調査によれば、成人の握力の平均値を比較すると、男子が45.97に対して女子は28.12です。平均体重あたりで算出すると、男子は0.70で、女子は0.55です。体重あたりの握力は、男子が女子の約1.3倍です。このように、体組成においては、

男性が女性よりも筋肉量が多いこと、また、握力が強いことが特徴です。

2）生殖

　ヒトの出生時には、男児か女児であることを告げられますが、これは、生殖器の差異による生物学的性差です。生殖器による性差は遺伝子で決定されますが、男性は XY、女性は XX の性染色体を持っています。女性には、妊娠、出産、授乳の機能が備わっていますが、男性にはその機能は備わっていないことが特徴です。

3）性ホルモン作用

　ホルモンは、体内のいたるところでつくり出されており、100 種以上あります。極微量で様々な作用をして、消化吸収、呼吸、免疫、代謝などの体内調節をし、私たちの身体機能が円滑に働くための潤滑油の役割をしています。

　ホルモンの一種である性ホルモンの作用によって、身体的な特徴が発現します。性ホルモンには、男性ホルモンのテストステロン、女性ホルモンのエストロゲンやプロゲステロンがあり、その分泌は、男女ともに思春期に最高となります。

　女性ホルモンは閉経期に急激に減少するのに対し、男性ホルモンは高齢期に緩やかに減少するという差があります。また、女性ホルモンは月経周期で変化しますが、男性ホルモンは周期的な変化はなく、個体差が大きい特徴があります。

　それぞれの性ホルモンの作用が、筋肉量や体脂肪率、体毛などの差異として、外見上の性差が発現します。成長期の男女のホルモン作用の差は、筋肉や体型形成に大きく関与しており、成長期の男性は、テストステロンの分泌によって筋肉が増強され、男性特有の体型をつくるのに対して、女性はエストロゲンの分泌によって乳房、臀部、大腿部につく脂肪が女性特有の体型をつくります。

4）その他

　前述の生物学的性差の他に、生理学、神経系、心血管系・呼吸器系にも身体的な性差があります。また、「脳の性差による行動性差」も検証されてい

ます。ヒトの左右の脳の新皮質をつなぐ脳梁の構造に男女差があり、情報処理の方法が異なります。女性はわずかな変化も敏感に感じ取る能力があることや、言語能力が優れている一方で、男性は空間認知能力が女性より優れているという特徴があるというものです。この検証結果をもとにした書籍が、『話を聞かない男、地図が読めない女――男脳・女脳が「謎」を解く』（アラン・ピーズ／バーバラ・ピーズ著、藤井留美訳、主婦の友社、2000 年）です。

　また、男女の生理学的な差異や、疾患における臨床的な差異を解明しようとする学問の「性差医学」があります。近年では欧米を中心に研究も進み、「性差医療」は、性差による薬効や副作用など、薬物作用のエビデンスに基づいた薬物療法とともに実践されています。

3. 栄養学的な性差

　栄養学的な性差は、厚生労働省が策定した「日本人の食事摂取基準」や「女性（母性を含む）のための食生活指針」、「妊産婦のための食事バランスガイド」に提示されています。

1）日本人の食事摂取基準

　私たちは毎日の食事を通して、生命の維持や成長・活動のためのエネルギーとして必要な各種の栄養素を摂取しています。1 日あたりのエネルギー・栄養素の必要量は、「身長・体重別」、「性別」、「年齢別」、「身体活動レベル別」で異なります。表1・2に、「日本人の食事摂取基準」（2020 年版）の一部を示しました。表1の1日あたりの推定エネルギー必要量は、身体活動レベルIIの場合を示しています。例えば、年齢が18 ～ 29 歳の女性は2000kcal ／日であり、男性は 2650 kcal ／日です。また、表2の1日あたりのたんぱく質推奨量は、女性が50g ／日であり、男性は 65 g ／日です。身体活動レベルは「II」で男女ともに同じですので、男女の体格（身長・体重）の差がエネルギーや栄養素量の摂取量の差と言えます。

　さらに、年齢階級別のエネルギー・たんぱく質量を男女比でみると、両者ともに、思春期を過ぎると、それまでの摂取量の男女比が1.1 倍から 1.3倍になります（表1、表2の男女比を参照）。この差は、思春期前と思春期以

降の男女の体格（身長・体重）の差であり、筋肉量や脂肪量の差と言えます。また、微量栄養素である鉄の摂取量は、初潮期以降、閉経期までは男女差が大きくなります。鉄の1日あたりの推奨量は、成人男子は7.0mgで、成人女子（月経なし）は6.0mgです。女性の場合、月経時の推奨量は成人女性で10.5mg、さらに、月経過多の状態の場合には、その推奨量は16.0mgです。前述の性ホルモンの作用で述べたように、女性は月経周期で鉄の摂取量が変動します。

　このようなエネルギー・栄養素摂取量の差異は、体組成、生殖器、性ホルモンの作用による身体状況の性差によります。

表1　推定エネルギー必要量

	男性	女性	男／女
	必要量 （kcal/日）	必要量 （kcal/日）	
0～5（月）	550	500	1.10
6～8（月）	650	600	1.08
9～11（月）	700	650	1.08
1～2（歳）	950	900	1.06
3～5（歳）	1,300	1,250	1.04
6～7（歳）	1,550	1,450	1.07
8～9（歳）	1,850	1,700	1.09
10～11（歳）	2,250	2,100	1.07
12～14（歳）	2,600	2,400	1.08
15～17（歳）	2,800	2,300	1.22
18～29（歳）	2,650	2,000	1.33
30～49（歳）	2,700	2,050	1.32
50～64（歳）	2,600	1,950	1.33
65～74（歳）	2,400	1,850	1.30
75以上（歳）	2,100	1,650	1.27
妊婦 初期（付加量）		50	－
妊婦 中期（付加量）		250	－
妊婦 後期（付加量）		450	－
授乳婦（付加量）		350	－

※身体活動レベルⅡ（ふつう）の場合です。
　75歳以上は、自立している方の場合です。

（出典：厚生労働省「日本人の食事摂取基準（2020年版）」一部改変）

表2　たんぱく質推奨量

	男性	女性	男／女
	(g／日)	(g／日)	
0 ～ 5 （月）	10 ※	10 ※	1.0
6 ～ 8 （月）	15 ※	15 ※	1.0
9 ～ 11 （月）	25 ※	25 ※	1.0
1 ～ 2 （歳）	20	20	1.0
3 ～ 5 （歳）	25	25	1.0
6 ～ 7 （歳）	30	30	1.0
8 ～ 9 （歳）	40	40	1.0
10 ～ 11 （歳）	45	50	0.9
12 ～ 14 （歳）	60	55	1.1
15 ～ 17 （歳）	65	55	1.2
18 ～ 29 （歳）	65	50	1.3
30 ～ 49 （歳）	65	50	1.3
50 ～ 64 （歳）	65	50	1.3
65 ～ 74 （歳）	60	50	1.2
75 以上 （歳）	60	50	1.2
妊婦 初期 （付加量）		0	－
妊婦 中期 （付加量）		5	－
妊婦 後期 （付加量）		25	－
授乳婦 （付加量）		20	－

- 耐容上限量の掲載はありませんが、耐容上限量がないということではありません。推奨量を参考に適度に摂取することが大切です。
- 65歳以上の高齢者について、フレイル予防を目的とした量を定めることは難しいですが、身長・体重が参照体位に比べて小さい方や、特に75歳以上であって加齢に伴い身体活動量が大きく低下した方など必要エネルギー摂取量が低い方でも下限は推奨量以上が望まれます。

※1歳未満については推奨量ではなく、目安量です。

(出典：厚生労働省「日本人の食事摂取基準（2020年版）」一部改変)

2）「食生活指針」、「食事バランスガイド」

　厚生労働省は、私たちの健康の維持・増進のための食生活指針を提唱しています。1985年に当時の厚生省が「健康づくりのための食生活指針」を策定したのが始まりで、平成12年（2000年）に、文部科学省・厚生労働省・

農林水産省の３省合同で「食生活指針」を策定しました。その指針は、社会背景の変化に沿って、さらに平成28年（2016年）に改訂されました。この食生活指針には、年齢対象別の指針の一つとして、平成2（1990）年「女性（母性を含む）のための食生活指針」、2020年「妊産婦のための食生活指針」が提唱されています。また、この指針を実践するために「妊産婦のための食事バランスガイド」（図1）が策定され、具体的に、何を、どれだけ食べればよいかを料理イラストで示しています。前述の生殖器の性差で述べたように、女性には妊娠、出産、授乳の機能があり、非妊娠時とは異なり、母性の健康と胎児や乳児の健全な成長・発育のために、適正量のエネルギーや栄養素量を摂取する必要があります。

　生物学的性差である体組成、生殖器、性ホルモンの作用などが、栄養学的な性差となり、日本人の食事摂取基準に見られるような摂取量の差になります。また、「女性（母性を含む）のための食生活指針」や「妊産婦のための食事バランスガイド」に見られるような非妊娠時より妊娠期に増量が必要なエネルギー・栄養素量や、控えることが望ましい栄養素や食品などの注意が提示されています。

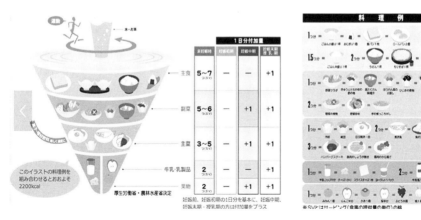

（出典：厚生労働省「食事バランスガイド」）

図1　妊産婦のための食事バランスガイド

4. 男女が互いを認め、尊重し合う社会の構築へ

　2020 年度前期、医療栄養学科の教員によるオムニバス担当で「女性のための栄養学」のオンライン講義を実施しました。全学の 1 年生から 4 年生を対象にした本授業の狙いは、「（女性誰もが母になるわけではないが）近未来に母となる女子学生が，栄養学的な観点から健康な一生を送るために必要な知識を修得する」でした。本学科の医療や栄養関連の専門教員が考案した教育内容の多くは、生物学的性差や栄養学的性差に関する知識の提供でした。他学部の全学を対象に、医療栄養の専門知識を講義した後の受講生からは、科学的根拠を基にした生物学的・栄養学的な性差の内容は、興味・関心を惹き、理解が深まったこと、また、これからの人生において健康の自己管理に役立つ実学であったとの授業評価を得ました。

　生物学的・栄養学的な性差を理解することは、日常の社会生活の中で男女の身体的な特徴を活かすことや、互いを認め合い、尊重しながら、肉体的・精神的負担を軽減し、協働しやすい男女の関係性を築くための基盤になると考えます。そのことはまた、社会的・文化的性差が存在しない社会の構築につながるのではないかと考えます。

　ジェンダー不平等を解消し、新な社会的価値観の中でこれからの社会をリードしていくために、女子のリーダーシップ教育の実践が求められているのではないでしょうか。

【参考文献】

有阪治（2018）「脳の性分化、性差の研究について」『小児保健研究』第 77 巻第 4 号：
　310-319
大木紫（2018）「生物学的に見た男女差 - 脳と行動への影響」『杏林医師会誌』49 巻 1 号：
　21-25
厚生労働省「日本人の食事摂取基準（2020 年版）」
　https://www.mhlw.go.jp（2021 年 2 月 14 日最終閲覧）
厚生労働省「食生活指針」　https://www.mhlw.go.jp（2021 年 2 月 14 日最終閲覧）
厚生労働省「食事バランスガイド」　https://www.mhlw.go.jp（2021 年 2 月 14 日最終閲覧）
国連開発計画（UNDP）駐日代表事務所「ジェンダー不平等指数（GII）」
　https://www.jp.undp.org/content/tokyo/ja/home/library/human_development/

human_development1/hdr_2011/QA_HDR4.html（2021 年 2 月 14 日最終閲覧）

佐竹昭介（2018）「基本チェックリストとフレイル」『日本老年医学学会誌』55 巻 3 号：
　319-328

澤田玲子・佐藤弥（2016）「男脳 vs 女脳？：感情処理における行動と脳の性差」（特集
　脳科学と心理学 (2) 脳をもっと知ろう）　『心理学ワールド』(75)：9-12

内閣府「ジェンダー・ギャップ指数（GGI）のランキング」
　https://www5.cao.go.jp/keizai2/keizai-syakai/future2/20200330/shiryou2_2.pdf
　（2021 年 6 月 5 日最終閲覧）

西村理明・田嶼尚子（2005）「1 型糖尿病における性差」『性差と医療』1：419-425

柳澤信夫・鈴木隆雄・飯島勝矢監修（2013）「フレイル予防・対策：基礎研究から臨床、
　そして地域へ　Advances in Aging and Health Research 2020」公益財団法人 長寿科
　学振興財団

Cagnacci, A., Soldani, R., Carriero, P.L., Paoletti, A.M., Fioretti, P., Melis, G.B. (1992)
　Effects of Low Doses of Transdermal 17 Beta-estradiol on Carbohydrate Metabolism
　in Postmenopausal Women. *J Clin Endocrinol Metab* 74: 1396-1400.

Ding, E.L., Song, Y., Malik, V.S., Liu, S. (2006) Sex Differences of Endogenous Sex
　Hormones and Risk of Type 2 diabetes. *JAMA* 295: 1288-1299.

McCarthy, M. The "Gendar Gap" in Autoimmune Disease. *Lancet* 2000; 356: 1088.

Oertelt-Prigione, S. The Influence of Sex and Gender on the Immune Response.
　Autoimmun Rev 2012; 11: A479-485.

Regitz-Zagrosek, Vera & Oertelt-Prigione, Sabine (2011) *Sex and Gender Aspects in
　Clinical Medicin*e, Springer Verlag.

甲南女子大学のこれから

甲南女子大学女性教育プロジェクトでは、2021年2月4日に、オンラインシンポジウム「本気で女性を応援する女子大学に向けて——甲南女子大学ができることは？」を実施しました。第一部「女性教育の現場から：甲南女子大学は今、何をしているのか」では、現在の女性教育の取り組みについて報告があり、その後第二部で、報告の質疑応答と合わせて、これからの甲南女子大学の女性教育に関するトークセッションがありました。ここでは、第二部の内容をお伝えします。

本気で女性を応援する女子大学に向けて

登壇者：野崎志帆教授

前川幸子教授

米田明美教授

ファシリテーター：ウォント盛香織准教授

ウォント盛　それでは第二部トークセッション「本気で女性を応援する女子大学に向けて」を行いたいと思います。ご登壇は、第一部でお話をいただいた、野崎先生、米田先生、それから前川先生の御三人にお願いいたします。冒頭でも申し上げましたが、このトークセッションはみんなで作り上げていくセッションです。皆さんからのご質問、ご意見を野崎先生、前川先生、米田先生にお答えいただきたいと思っています。早速ですが、皆様からいろいろご意見が来ています。

　キャリア関係でまず前川先生に。「キャリアセンターに入りづらい雰囲気があると学生から聞いたことがある」は、職員さんからのコメントですが、「男性が多いので、もしかしたら学生にはちょっと怖いのかなと思うのですが、いかがお思いでしょうか」ということですが、いかがでしょうか。

前川　私も実はキャリアセンターに着任する前までは入りにくかったんです。なぜだろうと思うと、一つは構造もあるのかなと思いました。カウンターの高さとか、少しそういったハード面をもう少しオープンにする必要があるかと思います。

ウォント盛　そうですね。私たちが学生のために、と思って作った施設が実は学生が入りづらいといった話は聞きますね。学生の使いやすさを最大化するために、私たち教職員は、知恵を絞っていかなくてはいけませんね。

　　次に野崎先生に質問が来ています。入学当時、たぶん多文化の学生さんだと思うのですが、「学科全体の講義で野崎先生が、学生の間はたくさん失敗してもいい、というお話をしてくださったことを今でも覚えています」ということです。「その言葉で大学生活は本当に挑戦の連続だったのですが、野崎先生が描く、先生がご提案されていた、女性教育に特化した研究所や部門のイメージをもう少しだけ詳しく教えてください」ということですので、お願いできますでしょうか。私もとても関心があります。

野崎　ありがとうございます。1年生のときに私が言ったことをそんな風に覚えてくれているのはとても嬉しかったです。「大学は恥をかいていい場」だと言ったような気もします。先ほど前川先生のお話とも通じる気がします。自分を解放していく。そういう中で自分を肯定していく。それが一番自分の支えになっていくのかなと思います。

　　女性教育研究センターとか女性教育研究所というようなものをイメージしているんですけれども、各学部学科の多彩な専門性と独自性を生かしながらも、それらを女性教育の理念で貫いていくための全学の部署（施設）のようなものです。まずは本学の教育の根幹である女性教育に寄与するということを目的にしていて、現代における女性教育とか女子大学の存在意義について研究や調査、提言活動を進めます。単に研究成果を大学内で閉じ込めるのではなくて、社会に発信していくことも想定しています。また、各学部学科はもちろん、教務課、学生生活課、キャリアセンターといった、学内の関連部署とも対話をしながら、教育のみならず学生サービスの範囲まで、毎年何らかの提言をしつつ女性の観点から学内の改革を進められたら面白いなと思います。あとは学生と教職員が自由に対話できるようなカフェみたいなものがあって、周りに女性関連の資料や図書とかそういうものを設置し、地域の方

にもオープンにして自由に利用できる場所があると良いですよね。あとは例えば女性のエンパワメントの視点から取り組まれた優秀な卒業研究を表彰するとか。これは確かウォント盛先生が提案してくださったアイデアだったかなという気がするのですが。そういう学生への波及効果のある表彰制度なんかがあっても面白いのかなと思いました。今のところそんなイメージを持っています。

ウォント盛　ありがとうございます。野崎先生の多文化コミュニケーション学科の取り組みで、女性教育カリキュラムを取り入れてから卒論のジェンダー関連の取り組みが2倍に増えたというお話を聞いてとてもびっくりしました。私たちが意識的に女性教育をそれぞれの専門科目の中に取り入れると、やはり学生には響くものがあるのかなと思います。それに関して、これは私が勝手に聞きたいことなんですが、先生は今年「大学を知る」（1年生向け初年次度授業）を担当されて、その話も報告の中でされていましたが、特に先生が学生さんからのフィードバックなどで思い出に残っているとか印象に残っていることがあればお話しいただけますでしょうか。女性教育の効果の点で、なのですが、いかがでしょうか。

野崎　あの授業は、確か前川先生が「野崎先生がお話ししたら？」と提案してくださったご縁なんです。本当に良い経験をさせていただきました。実際に私が今お話ししたようなことを学生たちがどう受け止めるかということを如実に知る機会になったんですね。学生たちは「眼から鱗だった」「女子大学の強みなんて考えたこともなかった」とか、「実は女子大学にマイナスイメージを持っていた」という学生も多くて、講義を聞いてそういう不安がなくなったと言ってくれた学生もたくさんいました。これは、学生たちにきちんと伝えなくてはならないことだと実感しました。特に印象に残っていたことは、色々あるのですが、やっぱりこちらの思いを受け取ってくれたということが一番大きかったですかね。学生を応援したいという気持ちや、女性教育プロジェクトの取り組みをお話ししたときに、「すごく勇気づけられる」という反応があったことです。「甲南女子大学の教職員の皆さんが、自分たちのことを本気で応援しようとしているんだということがすごく伝わった」ということを言ってくれたことに、逆に本当に力づけられました。平凡な感じですけれど、私としてはそこが一番印象に残っています。

ウォント盛　実は、野崎先生が「大学を知る」の講義を終えたあとに、学生のフィードバックを女性教育プロジェクトのメンバーと共有してくださいまして、私も学生からのコメントを読ませていただいたんですが、野崎先生の女性教育に対する熱い気持ちを学生が本当に受け取っているなというのを感じて、読みながら私も他人事ながらとても感動したのを覚えています。

　女性教育を行っていくというのは、第一部の報告で、前川先生がキャリアセンターで行っていることはトランスフォーム、学生の意識を変えていくことなんだ、ということをおっしゃっていました。やはり私たち一人ひとりが学生にきちんと向き合っていくと、学生の意識の変容を支えていくことが可能になるようです。そういうのを感じられるというのは教職員としては嬉しいことだなと思います。

　続きまして、図書館に関してですが、米田先生にご質問してもよろしいでしょうか。第一部で先生から、図書館におけるセレンディピティ（予期せぬ偶然の出会い）の話がありました。「先生ご自身の経験として、先生は文学がご専門の先生ですから、文学の研究をされていて、セレンディピティのような経験はありますか」というご質問が来ていますが、いかがですか。

米田　経験はやはりありますね。研究では夢中で進めていたものが、実は文学においての女性の生き方を考えることにつながりました。また図書館についてでは、私は皆さんご存じのように卒業生なんです。入学当初は、先ほど野崎先生がおっしゃったように最初は「女子大なんて」っていうようなマイナスイメージで、どういうように学び過ごせばいいのか悩んでいました。そのときにやはり同じように悩んでいた友人がいて、うちの大学の図書館をうろうろしていた経験があります。実はそのときはうちの大学の図書館ではセレンディピティの出会いはありませんでした。

　というのは先ほども申し上げましたように、当時の本大学図書館は専門図書ばっかり並んでいたんです。その頃のことを表現する話として、「うちの大学図書館は死んだ人の本しかない」と。つまり現代社会を反映するような本はその当時は全く置いてなかったんです。今からうん十年前の話なんですけどね。で、やはり自分の生き方とかに悩んだときに、そのときは近くの公立図書館に行きました。公立図書館は逆に専門書は置いてなくて、市民の要望、人々が望むような本を中心に置いています。そういうようなところで

ずっと多様な本を読み続け、その中から自分の生き方などを少しずつ修正したり、補強したりを繰り返して自分の生き方を探し求め、今があると思います。やはり人生って、種々な人との出会いがあり、そして本との出会いがあり、今に至っていると思うんですね。これはこれから学ぶ学生もそうじゃないかなと思います。なので道に迷ったときは、もちろん人からアドバイスをもらうのも良し、またそういうようなちょうどいい人が身近にいなければ種々の本に触れてみる。今は本大学図書館、専門書だけでなく現在のホットな話題本も含め、多種多様な本も並べています。案外探し出した本の隣に希(のぞ)む本があるということが多いように思います。お答えになったかどうかわからないんですけれど、是非そういう意味で学生さんにもいろんな本に出会ってほしいなと思っています。

ウォント盛 ありがとうございました。質問がたくさん来ていますが、時間が少なくなっております。今朝皆さんニュースで、東京五輪パラリンピック大会組織委員会の森喜朗会長（2021年2月当時）が「女ばっかりだと会議が延びる」という話をしていたというのが、ご記憶の方も多いかと思いますが、私たちは時間を守ります（笑）。あと10分くらいしかないのですが、できるだけ皆さんからのご質問に答えていきたいと思います。キャリアと女性教育プログラムに関しまして、野崎先生に二つ相関するコメントがありますので、ご意見をいただければと思います。

　まず一つ目はリプロダクティブ・ヘルス・ライツ（性と生殖に関する健康と権利）がSDGsで求められているが、そうした社会的要請の中で本学はどういう取り組みをしていくのか、ということとです。そして、それに関わって、女性の体とキャリア関連で、「女性であるというだけでハラスメントや犯罪の被害に遭う機会がありますが、どういう対処をすればいいのかを知る機会を女性教育として設けてほしいです」という質問がありました。これに関しまして、2021年度からの取り組みとして新たなものもあると思います。全学共通科目の取り組みですが、最新情報等を野崎先生からご共有いただければなと思います。よろしくお願いいたします。

野崎 ありがとうございます。一つはリプロダクティブ・ヘルス・ライツに関する取り組みがどんなことがあるかということですかね。

ウォント盛 そうですね。それに関連して体を守っていく、女性の法的権利を

どう守っていくのか、という授業もやってほしいなというご意見ですが、いかがでしょうか。

野崎　そうですね。非常に重要な問題だと思います。新たにということで言うと、二番目の法的権利を守るというところですね。「女性のための法律」という授業が全学共通科目で 2021 年度からスタートすることになっています。女性の弁護士さんに実際に来ていただいて、女性として今後生きていく中で、法律との関連で直面しそうな問題を、実際に事例を交えながら考えていき、自分の権利を守るために法律をどう使っていくか、というリーガルリテラシーを身につける授業です。リプロダクティブ・ヘルス・ライツの問題についてはここで取り上げられる予定です。

　リプロダクティブ・ヘルス・ライツに関しては、もしかすると「女性の生涯と健康」という全学共通科目で取り上げられているかもしれません。それから先ほどの暴力の問題に関しても重要なご指摘だと思います。確かガールスカウト日本連盟の調査で、女子学生の 92％が「性的な嫌がらせや性差別」にあった経験を持っているというデータを最近知りました。去年、人間科学部事務課の職員さんたちが学生対象のランチレクチャーを企画されて、自分がそういう状況になったときにどう対処したらいいのか、暴力からどうやって身を守るのかという非常に実践的な内容を看護学科の友田尋子先生からお話ししていただいたことがありました。そういう取り組みも非常に大事だと思うんですね。ただ現状では、性暴力にどう対処するかという授業はなかったんじゃないかと思います。それぞれの女性とジェンダー科目の中には、もしかしたらそういうものも入っているかもしれません。また是非そういうアイデアが先生方から上がってくると良いと思います。

ウォント盛　ありがとうございました。共通教育の女性とジェンダー科目はどんどん年を経るごとに充実していますので、これからもいろんな展開があると期待をしております。

　時間になってきましたので、学生さんから皆さん全員に対して質問がありますので、一言ずつお返事いただければと思います。「時代によって学生が持つ価値観も違うと思うのですが、今の甲南女子大学の学生にこれから女性として社会に出る上で一番知ってほしいことは何か、聞きたいです」ということですので、皆さんから学生さんに向けてのメッセージを最後に一言ずつ、

本気で女性を応援する大学として、皆さんがそれぞれのお立場から、学生に特に知ってほしいこと、伝えたいこと、本学のこれからの展望を最後にお願いできればと思います。

米田 そうですね。私など自分が卒業生としてここにいるということで、同級生に会ったときにいつも言われるのが、「あなたは大学時代変わり者だったから」っていうことばです。大学を卒業して大学院に進むこと自体が、当時「お嬢様大学」同窓生からすると「変わり者」でしたね。「女性の適齢期はクリスマスケーキ」（24〜25歳まで）と言われていた時代です。他人に流されないという意識を根っこにもつことは大事なのではないでしょうか。是非女性であることを含め、自分の個性を大切にして欲しいですね。それを活かしてチャレンジしてください。

ウォント盛 胸に刺さっている学生さんは多いと思います。前川先生はいかがでしょうか。前川先生から学生さんに特に伝えたい言葉をお願いします。

前川 卒業生の方とお話ししていると、ピンチをチャンスに変える力がすごくあるなと実感します。ということは、今は女性だということで様々な弱みと言われていることが、実は強みに変わる転機が来るかもしれないんですね。ピンチをチャンスに変えるのはどういうときかといえば、様々な体験の中にあります。例えば、弱点が露わになるような、一見苦難と感じる出来事が、実は成長の契機になるかも知れません。その時、出来事とどう向き合うのか。その取り組みが、未来の自分を創っていくと言えるでしょう。是非とも好奇心を持っていただいて、人生において様々な意味でチャレンジをしていただきたいと思います。

ウォント盛 ありがとうございました。最後に、野崎先生、お願いいたします。

野崎 最後でプレッシャーですけれど、そうですね、伝えたいことは山ほどありますけれど、ある学生がこういう女性教育プロジェクトがあるのを知って、女性にとってこれから待ち受けている困難を自分たちが知ったとしても、男性はどうなの？って。私たちだけが学んでも社会は変わらないし、じゃあ男性はこういうことを学んでいるのかな？とか。結局女子大学で女性しかいないところで学んでいるので、男性がこの場にいないことへのもどかしさだと思うんですね。彼女たちなりの。それはよく分かります。そういう、「男性はどう思っているんだろう？」と考えることはすごく大事にしないといけな

いと思っていて、女子大学だからこそできることもあるんだけれど、そこをどう補うのかというのを考えないといけないなと思います。

　女性だけが学んでももちろん社会は簡単には変えられないけれど、女性の学びから社会はきっと変わっていくはずだと私は思っています。是非甲南女子大学でしっかりと学んで、社会に出て行ったときにそれぞれの持ち場に分け入って、いろんな人と関係を築きながら、男性も巻き込みながら、男性も女性も自分らしく生きていける社会のために、何かできることを探してほしいなと思います。

ウォント盛　野崎先生、前川先生、米田先生、長い時間ありがとうございました。一部二部、本当に充実した時間が持てたかなと思います。女性教育の話をすると、「男性はどうなの」という意見は必ず上がるのですが、実は女性が社会的、経済的、政治的な力をつけていくと相乗的に男性のクオリティ・オブ・ライフ（心身とも豊かな人生を送ること）も上がっていくということが多くの研究から証明されています。女性のエンパワメントを通じて社会全体を豊かにしていくということを、これからの本学の展望として、先頭を切ってやっていけるといいなと思っております。

　以上で、第二部フロア参加型トークセッション「本気で女性を応援する女子大学に向けて」を終了させていただきます。ご質問、ご意見をいただきましたフロアの皆様、本当にありがとうございました。

あとがき

　甲南女子大学は、六甲山の中腹にあり、眼下には大阪湾を見晴らす、絶景の中にある大学です。キャンパスでは、春には花々が咲き誇り、夏は大阪湾のきらきらした水面が輝き、秋は六甲の紅葉が広がり、冬は紫色のもやが朝、広がります。一年を通じて、絵に描いたように美しい光景が広がっています。学生たちは、この桃源郷のような場所で、真綿にくるまれて過ごしているのではなく、社会に出ていくための力を着々とつけているのです。

　日本の女性を巡る現状は、本著の各論考にあるように、決して明るいものではありません。なぜかといえば、女性の多くは今も、政治や経済といった自分たちの生活を決める重要な場で、意思決定に参加できていないのです。ケンブリッジ大学教授のメアリー・ビアード（Mary Beard）は、こうした状況にいる女性を「舌を抜かれる女たち」と表現しました。どんなに物質的に豊かな生活をしていても、公的な場で発言を許されていない状況は、舌を抜かれているのと同じこと、とビアードは語っています。

　ビアードは西洋社会における女性の抑圧状況について語っていますが、女性が舌を抜かれた状況は、日本の女性に関しても長い間同じでした。多くの女性が、自分に社会を変える力があることを知らず、沈黙の中に暮らし、非正規・低賃金労働や、家事育児を負担してきました。現状をおかしいと思い発言する女性は、わきまえない女性として、男性社会で無視されたり、嘲笑されたり、糾弾されてきました。でも、そんな時代はもうやめましょう。

　甲南女子大学の教職員は、今している以上に、さらに本気で女性を応援していこうとしています。舌を抜かれた女性を再生産するのではなく、自らの頭で考え、声を上げ、ステレオタイプに挑戦し、社会を良くすることができるような、自立して、自由な、「舌のある女性」を育て上げようと、必死に教育に当たっています。それは、本著の各論考からほとばしるエネルギーから、読者の皆様にも感じていただけると思います。

　甲南女子大学で学ぶ学生は、女性を取り巻く状況の難しさを学び、それに

抗う力を、カリキュラムを通じて身につけます。文学、社会学、歴史学、メディア研究、心理学、ビジネス論、国際貢献、文化人類学、環境学、医療関連科目など様々な学びを通じて、女性として社会で生き抜くための知識、スキル、そして経験を身につけていきます。図書館やキャリアセンターといった様々な施設では、学生の学びがより深くなるよう、全力で後押ししています。このようにして、学生たちが、十分に力をつけて（＝エンパワーされて）キャンパスを飛び出していけるよう、本学の教職員の日々の取り組みをまとめたのが、この『本気で女性を応援する女子大学の探求　甲南女子大学の女性教育』です。

　最後に、編著者を代表して、本書執筆の上で、お世話になった多くの皆様に謝辞を捧げたいと思います。まず、本書の企画に賛同し、忙しい教育研究の時間を削り、論考を提出くださった、森田勝昭学長をはじめとする本学教職員の皆様にお礼を申し上げます。本学広報課や医療栄養学部事務課主任松本正子さんには、事務の面からサポートをいただきました。皆様の気持ちのこもった一冊に仕上がったと思います。次に、立命館大学の飯田未希先生と、北九州市立大学の渡邊真理香先生には原稿に目を通していただいた上、本著の意義をご理解くださり、助言や励ましをいただき、感謝に堪えません。イラストレーターの古塔つみさんには、本学学生の未来に向かう、強い意志を感じさせる素敵なイラスト使用の許可をいただき、感謝申し上げます。また、本書の出版に際しては、甲南女子学園の令和3年度学術研究及び教育振興奨励基金からの助成金をいただき、大変感謝しております。明石書店の神野斉さんと板垣悟さんには、出版に至るまで、辛抱強くサポートをしていただきましたこと、お礼申し上げます。

　本著に関わった教職員は、日々学生と共に学び、語り、笑い、悩み、互いに刺激を受けながら、学生たちにとってよりよい教育は何かを日々模索しています。学生がもっともっとその能力を伸ばし、日本社会、そして日本を超えたグローバル社会に飛び出して、ジェンダーや属性にとらわれず、誰にとっても住みやすい社会をつくるために貢献できるような女性になってほしいと強く思っています。その思いが、本著につながりました。つまり、甲南女子大学の学生の存在があって初めて可能となった一冊です。学生の一人一人に、そして卒業生の一人一人に、ありがとう、と伝えます。これからも、

一緒に歩んでいきましょう。

　そして、本著を読んでいただいた皆様にも、この本を手に取っていただいたこと、心から感謝申し上げます。私たちの取り組みが、足りないという印象を受ける方もいるかもしれません。女性の自由と多様性をめぐる議論が学内でまだ十分になされていないことは確かです。例えば、本学では入学時に制服の着用を求めています。制服は本学学生としてのアイデンティティを学生に与える一方、#KuToo 運動に見られるように、女性の衣服の自由が強く求められている現在、本著の表紙に制服を着る学生のイラストを採用する際にも、色々な意見がありました。また、一部女子大学でトランスジェンダー学生の受け入れが始まっている中で、本学ではどう対応していくのか、この点に関しても、全学的な議論ができていません。しかし、本著の各論考は、女子大学における女性教育がどのように既存の社会構造に挑戦し、誇りある自由な女性を育て、ジェンダーにとらわれない自由な社会を作り上げていく原動力となりうるかの試みを示しています。本著を通じて、読者の皆様が女子大学の社会的意義の片鱗を理解いただき、甲南女子大学に興味を持っていただければ、編著者一同、これ以上嬉しいことはありません。

ウォント盛 香織

【参考文献】

ビアード，メアリー（2020）『舌を抜かれる女たち』宮﨑真紀訳、晶文社

執筆者紹介（五十音順）

天野信子（あまの　のぶこ）　栄養疫学研究、栄養教育論、公衆栄養学、甲南女子大学医療栄養学部医療栄養学科准教授、博士（医学）、奈良県立医科大学地域医学教室専修課程修了、主著：『ガイドライン改訂を受けて、高血圧治療、どう変わる？　食塩摂取量を踏まえた栄養指導』（調剤と情報、2019）

池田太臣（いけだ　たいしん）　文化社会学、ファンダム研究、社会学説研究、甲南女子大学人間科学部教授、博士（学術）、神戸大学大学院文化学研究科博士課程単位修得退学、主著：池田太臣・木村至聖・小島伸之編著『巨大ロボットの社会学：戦後日本が生んだ想像力のゆくえ』（法律文化社、2019）

岩﨑佳孝（いわさき　よしたか）　北米（アメリカ、カナダ）先住民史、甲南女子大学国際学部多文化コミュニケーション学科准教授、博士（文学）、大阪大学文学研究科博士課程後期文化形態論専攻西洋史学専修修了、主著：『アメリカ先住民ネーションの形成』（ナカニシヤ出版、2016）

川村千恵子（かわむら　ちえこ）　母性看護学、女性健康看護学、甲南女子大学看護リハビリテーション学部看護学科教授、博士（学術）、大阪市立大学大学院生活科学研究科博士後期課程修了、主著：『乳幼児をもつ母親のウェルビーイング』（大阪公立大学共同出版会、2013）

川村博文（かわむら　ひろぶみ）　理学療法学、物理療法学、甲南女子大学看護リハビリテーション学部理学療法学科教授、博士（医学）、高知大学大学院医学系研究科神経科学系専攻修了、主著：『物理療法学』（医歯薬出版、2021）

佐伯　勇（さえき　いさむ）　教育工学、情報通信工学、甲南女子大学人間科学部文化社会学科教授、学長補佐（ICT担当）、博士（工学）、大阪大学大学院工学研究科通信工学専攻博士後期課程修了、主著："All-optical Code Division Multiplexing Switching Network Based on Self-routing Principle"（*IEICE Transactions on Communications,* Vol.82, No.2, pp. 239-245, 1999）

瀬木志央（せぎ　しおう）　社会人類学、政治生態学、沿岸資源管理論、甲南女子大学国際学部多文化コミュニケーション学科准教授、博士（人類学）、オーストラリア国立大学考古学・人類学大学院修了、主著："Protecting or Pilfering? Neoliberal Conservationist Marine Protected Areas in the Experience of Coastal Granada, the Philippines"（*Human Ecology*、2014）

髙橋真央（たかはし　まお）　ボランティア論、社会貢献、SDGs、国際協力論、寄付、甲南女子大学国際学部多文化コミュニケーション学科准教授、博士（人間科学）

中岡妙子（なかおか　たえこ）　司書、学校図書館司書教諭、甲南女子大学図書館事務課課長代理、学士（英文学）、甲南女子大学文学部英文学科卒業

中野加都子（なかの　かづこ）　環境計画学（環境教育、リサイクル論、現代環境論）、甲南女子大学人間科学部生活環境学科教授、学長補佐（女性教育担当）、博士（工学、東京大学）、大阪市立大学生活科学部卒業、主著：『環境にやさしいのはだれ？』（技報堂出版、2005）

中村安秀（なかむら　やすひで）　国際保健学、公益社団法人日本WHO協会理事長、甲南女子大学看護学科元教授、博士（医学）、東京大学医学部医学科卒業、主著：『地域保健の原点を探る』（杏林書院、2018）

馬場伸彦（ばば　のぶひこ）　メディア文化論、写真論、日本近代文学、甲南女子大学文学部メディア表現学科教授、名古屋大学文学研究科博士後期課程満期退学、主著：『周縁のモダニズム』（人間社、1997）、『ロボットの文化誌』（森話社、2004）、『女子の時代』（青弓社、2012）など

前川幸子（まえかわ　ゆきこ）　看護教育学、甲南女子大学看護リハビリテーション学部看護学科教授、前キャリアセンター長（2018〜2020年度）、博士（看護学）、神戸市看護大学大学院看護学研究科博士後期課程修了、主著：「ケアリングと教えること」『シリーズ・人間教育の探究5　教師の学習と成長〜人間教育を実現する教育指導のために〜』（ミネルヴァ書房、2021）

増田のぞみ（ますだ　のぞみ）　メディア文化論、マンガ研究、甲南女子大学文学部メディア表現学科教授、修士（社会学）、関西大学大学院社会学研究科博士後期課程単位取得、主著：『マンガ・スタディーズ』（人文書院、2020）

森田勝昭（もりた　かつあき）　文化人類学、甲南女子大学学長、博士（学術）、京都大学大学院文学研究科修士課程修了、主著：『鯨と捕鯨の文化史』（名古屋大学出版会、1994、毎日出版文化賞受賞）、*Encyclopedia of Maritime History*（Oxford University Press、2007）など。

森本真理（もりもと　まり）　国際ビジネスコミュニケーション、異文化コミュニケーション、監査論、甲南女子大学国際学部国際英語科教授、キャリアセンター長（2021年度〜）、関西学院大学大学院戦略研究科専門職学位課程卒

八木麻理子（やぎ　まりこ）　発達小児科学、障がいや慢性疾患のある子どもの発達に関する研究、甲南女子大学人間科学部総合子ども学科教授、保健センター長（兼任）、博士（医学）、神戸大学大学院医学系研究科修了

山田尚子（やまだ　なおこ）　パーソナリティ心理学・認知心理学、甲南女子大学人間科学部心理学科教授、博士（心理学）、甲南女子大学大学院文学研究科博士課程単位取得退学、主著：『失敗に関する心理学的研究――個人要因と状況要因の検討』（風間書房、2007）

山本綾子（やまもと　あやこ）　ウィメンズヘルス理学療法、甲南女子大学看護リハビリテーション学部理学療法学科准教授、博士（保健学）、神戸大学大学院研究科博士課程修了、主著：『ウィメンズヘルス・リハビリテーション』（メジカルビュー社、2014）

和田綾子（わだ　あやこ）　日本語教育、日本語教師養成、ＣＬＤ児童生徒に対する日本語教育、甲南女子大学日本語日本文化学科准教授、修士（教育学）、広島大学大学院教育学研究科日本語教育学専攻博士前期課程修了

編著者紹介

野崎志帆（のざき　しほ）　教育社会学（人権教育、多文化教育）、甲南女子大学国際学部多文化コミュニケーション学科教授、博士（人間科学）、大阪大学大学院人間科学研究科博士後期課程修了、主著：『多文化共生のためのシティズンシップ教育実践ハンドブック』（明石書店、2020）

ウォント盛香織（うぉんともり　かおり）　アジア系アメリカ研究、ジェンダー論、批判的人種論、甲南女子大学国際学部国際英語学科准教授、博士（文学）、ニューヨーク州立大学バッファロー校大学院博士課程修了、主著：『ハパ・アメリカ：多人種化するアジアパシフィック系アメリカ人』（御茶の水書房、2017）

米田明美（よねだ　あけみ）　日本古典文学、甲南女子大学文学部日本語日本文化学科教授、博士（国文学）、甲南女子大学文学研究科博士課程修了、主著：『「風葉和歌集」の構造に関する研究』（笠間書院、1996、第4回関根賞受賞）

本気で女性を応援する女子大学の探求

甲南女子大学の女性教育

2021 年 10 月 30 日　初版第 1 刷発行

編著者		野 崎 志 帆
		ウォント盛 香 織
		米 田 明 美
発行者		大 江 道 雅
発行所		株式会社 明石書店

〒 101-0021 東京都千代田区外神田 6-9-5
電　話　03（5818）1171
FAX　03（5818）1174
振　替　00100-7-24505
https://www.akashi.co.jp

装　丁	明石書店デザイン室
印　刷	株式会社文化カラー印刷
製　本	協栄製本株式会社

（定価はカバーに表示してあります）
ISBN978-4-7503-5274-9

弁護士のワークライフバランス
ジェンダー差から見たキャリア形成と家事・育児分担
中村真由美編著
◎3800円

女性弁護士の歩み 3人から30000人へ
日本弁護士連合会 両性の平等に関する委員会
◎2600円

事例で学ぶ司法におけるジェンダー・バイアス[改訂版]
第二東京弁護士会 両性の平等に関する委員会/
司法におけるジェンダー問題諮問会議編
◎2800円

タイム・バインド（時間の板挟み状態）働く母親のワークライフバランス
仕事・家庭・子どもをめぐる真実
A・R・ホックシールド著 坂口緑、中野聡子、両角道代訳
◎2800円

産める国フランスの子育て事情 出生率はなぜ高いのか
牧陽子著
◎1600円

フランスに学ぶ男女共同の子育てと少子化抑止政策
冨士谷あつ子、伊藤公雄編著
◎2800円

女性就業と生活空間 仕事・子育て・ライフコース
由井義通編著
神谷浩夫、若林芳樹、中澤高志、矢野桂司、
木下礼子、加茂浩靖、久木元美琴、久保倫子、タン・レンレン著
◎4600円

京都大学 男女共同参画への挑戦
京都大学女性研究者支援センター編
◎3000円

ジェンダーについて大学生が真剣に考えてみた
あなたがあなたらしくいられるための29問
佐藤文香監修 一橋大学社会学部佐藤文香ゼミ三生一同著
行政・大学・企業・団体での人材育成支援
◎1500円

時代を拓く女性リーダー
国立女性教育会館、有馬真喜子、原ひろ子編
◎2500円

近代日本の女性専門職教育
生涯教育学から見た東京女子医科大学創立者・吉岡彌生
渡邊洋子著
◎5200円

女子理学教育をリードした女性科学者たち
黎明期・明治期後半からの軌跡
蟻川芳子監修 日本女子大学理学教育研究会編
◎4800円

家族・地域のなかの女性と労働
共稼ぎ労働文化のもとで 木本喜美子編著
◎3800円

近代筑豊炭鉱における女性労働と家族
「家族賃金」観念と「家庭イデオロギー」の形成過程
野依智子著
◎4500円

近現代日本の家族形成と出生児数
子どもの数を決めてきたものは何か
石崎昇子著
◎2600円

明治維新とジェンダー 変革期のジェンダー再構築と女性たち
長野ひろ子著
◎3000円

〈価格は本体価格です〉

女性の世界地図

女たちの経験・現在地・これから

ジョニー・シーガー [著]

中澤高志、大城直樹、荒又美陽、
中川秀一、三浦尚子 [訳]

◎B5判変型／並製／216頁　◎3,200円

世界の女性はどこでどのように活躍し、抑圧され、差別され、生活しているのか。グローバル化、インターネットの発達等の現代的テーマも盛り込み、ますます洗練されたカラフルな地図とインフォグラフィックによって視覚的にあぶり出す。好評既刊『地図でみる世界の女性』の改訂版。オールカラー。

《内容構成》

世界の女性たち

差別の終結（CEDAW）／差別を測る／ジェンダー・ギャップ／平均寿命／レズビアンの権利／二分論を超えて／結婚と離婚／児童婚／世帯／難民／危険地帯／平和をもたらす女性たち／#フェミニズム

女は女の場所に置いておく

さまざまな箱の王国／合法的な束縛／「名誉」殺人／DV／レイプ犯と結婚させる法律／レイプ／殺害される女性／持参金殺人／原理主義者が女性に襲いかかる

出産にまつわる権利

出産／避妊／妊産婦死亡率／中絶／男児選好

身体のポリティクス

スポーツ／美／美容整形／女性器切除／セックス・ツーリズム／買売春／人身売買／ポルノグラフィー

健康・衛生

乳がん／HIV／結核／マラリア／飲料水／トイレに関する活動／公害惑星

仕事

有償・無償の仕事／分断された労働力／世界の組立工場／収入の格差／失業／児童労働／水のために歩く／農業と漁業／仕事のための移民

教育とつながり

就学年数／学歴が積めない／学位への前進／識字率／コンピューター／インターネットとソーシャルメディア／オンラインハラスメント／世界がつながっているという神話

財産と貧困

土地の所有／住宅の所有／毎日の貧困／極限の貧困／富と資産の格差／頂点の男性／銀行口座が持てない

権力

女性の選挙権／政治における女性／軍隊／国連／いろんなフェミニズム

〈価格は本体価格です〉